SOMMARIO

COS'È IL NEUROMARKETING...2

INTEGRAZIONE DEL NEUROMARKETING NEL MARKETING TRADIZIONALE 5

IL MODELLO DEI 3 CERVELLI DI PAUL MACLEAN 8

EFFETTO FRAMING 12

EFFETTO ESCA 16

PARADOSSO DELLA SCELTA....................................20

AVVERSIONE ALLA PERDITA 24

BIAS DI CONFERMA...28

L'EMOTIONAL JOURNEY 32

EYE TRACKING 37

EEG NEL NEUROMARKETING 41

GSR NEL NEUROMARKETING 44

CODIFICA FACCIALE 46

ELEMENTI DELL'UNIQUE VALUE PROPOSITION..............50

COME AUMENTARE LA FIDUCIA DEL CLIENTE 54

PUBBLICITÀ E NEUROMARKETING 57

PERCEZIONE DEL BRAND....................................62

PERCEZIONE DEL COLORE 66

LANDING PAGE PER IL TUO BUSINESS ONLINE..............71

LEVA PERSUASIVA...79

COS'È IL NEUROMARKETING

Il **neuromarketing** è una disciplina del marketing e dell'economia comportamentale. Questa terminologia nasce dalla fusione di due parole: "neuro" cioè la parte razionale della mente dell'uomo, e la parola "marketing". Probabilmente ti starai chiedendo cosa abbia di speciale e quali sono le differenze rispetto al ben più famoso marketing.

Questo termine è stato coniato per la prima volta **da Ale Smidts** nel 2002. Tuttavia, il neuromarketing esiste da molto più tempo, infatti sono celebri i lavori di ricerca e le pubblicazioni di **Martin Lindstrom**, la cui più famosa è Buyology.

Il marketing viene utilizzato generalmente dalle aziende per **aumentare** i volumi di **vendita** di un determinato prodotto, però c'è un problema fondamentale: questo non avviene sempre. Non è sufficiente infatti fare un buon o un ottimo **marketing**. Ti faccio un esempio: è mattina, sei un amante del latte con i cereali e ti accorgi che a casa hai solo il latte. Decidi quindi di vestirti, scendere di casa, ed acquistare dei cereali al primo supermercato che incontri sulla tua strada. Senza rendertene conto sceglierai una determinata tipologia di cereali a discapito di un'altra dello stesso tipo, questo perché avviene?

La motivazione non è sempre il prezzo o la qualità del prodotto, anzi ci sono dei veri e proprio **meccanismi** che ti spingono ad acquistare un prodotto piuttosto che

2

un altro. Le scelte del consumatore infatti non sono razionali e logiche ma sono invece sempre più spesso **irrazionali** ed **emotive**.

Proprio per queste motivazioni per le aziende è fondamentale scoprire il **funzionamento** di questi meccanismi per aumentare il **coinvolgimento** della clientela e di conseguenza anche il volume di vendite.

Secondo degli studi effettuati dal Report di Nielsen sulla Breakthrough Innovation ben il 76% dei lanci di nuovi prodotti sul mercato fallisce entro un anno! È un dato incredibile, non credi? Pensa di aver impiegato anni ed anni a sviluppare un prodotto e questo fallisce senza capire il perché. Non riesci a darti una vera e propria motivazione di quanto sia accaduto, e probabilmente ti sentiresti frustrato. Il neuromarketing non è di certo la soluzione a qualsiasi problema, ma è un **approccio** che permette di comprendere al meglio il comportamento e gli **atteggiamenti** del **consumatore**.

Negli anni sono stati molti gli esperimenti effettuati, tuttavia uno di questi ha fatto molto scalpore. In questo esperimento infatti il consumatore doveva assaggiare due bibite, senza conoscere il nome di uno o dell'altra al momento dell'assaggio. Il consumatore ha assaggiato prima una Coca Cola che è stata apprezzata e in seguito una Pepsi che ha avuto un riscontro estremamente positivo e migliore di quello della prima. In seguito, il consumatore ha assaggiato le due bevande conoscendo però il nome di queste ed il risultato ottenuto è stato l'opposto! Incredibile vero?

Nonostante fossero le **stesse** bevande, l'opinione è cambiata molto velocemente.

Un altro esperimento è stato fatto da Eric Spangenberg della Washington State University School of Business. Dai suoi studi è emerso che i **profumi** nei negozi possono influenzare positivamente o negativamente la scelta dei consumatori: come puoi ben notare nel momento in cui vai a fare shopping, spesso e volentieri sarai attirato da buoni odori. Questa non è una tua scelta **razionale**, ma sarà il tuo **inconscio** a guidarti verso l'acquisto.

Esistono tuttavia sia dei lati positivi che degli aspetti negativi del neuromarketing, inizio a parlarti di quelli negativi.

Purtroppo, negli ultimi anni l'impiego del neuromarketing sembra essere diventato una vera e propria moda, tuttavia il lato positivo derivante da tutto questo è che gli studi dei **comportamenti decisionali** del consumatore sono stati approfonditi e hanno avuto nel tempo un forte sviluppo.

Il neuromarketing ha permesso la creazione di nuovi **strumenti** di marketing e il perfezionamento dei messaggi pubblicitari, oltre che all'implementazione di innovative **strategie** di vendita. In un mercato che si evolve così velocemente risulta quindi **fondamentale** conoscere questo aspetto del marketing che ti può permettere di **differenziarti** dagli altri competitor.

INTEGRAZIONE DEL NEUROMARKETING NEL MARKETING TRADIZIONALE

Il marketing fin dalla sua nascita è stato uno strumento rivoluzionario che ha permesso lo sviluppo e il raggiungimento del successo di molte aziende, che grazie a questa materia hanno potuto migliorare ed in alcuni casi **aumentare** drasticamente i volumi di vendita. Nel corso degli anni tuttavia sono emersi e risultati sempre più evidenti diversi limiti del marketing tradizionale. Questo infatti partiva dalla considerazione che il consumatore compie delle scelte razionali, considerazione non vera, fatto sta che la maggior parte delle volte il consumatore compie delle scelte irrazionali! Questa nuova concezione è stata fondamentale per lo sviluppo del neuromarketing.

Molte aziende, nonostante applicassero alla perfezione le teorie del marketing tradizionale infatti non riuscivano ad ottenere i **risultati** voluti. Il consumatore è guidato dalle **emozioni**, quindi bisogna agire su tutti quei processi che sono smossi proprio dalle emozioni. Questo è un concetto valido sia per un prodotto fisico che servizio ed anche nel mercato digital.

Pensa al settore di videocorsi ad esempio, molti di questi hanno costi decisamente **elevati**, che possono raggiungere diverse migliaia di euro. Tuttavia, ci sono innumerevoli acquirenti che li acquistano perché sono

5

guidati dalle loro emozioni che colpiscono l'inconscio, il quale indica alla parte razionale della nostra mente come agire.

Un fattore che nel corso del tempo si è rilevato sempre critico è stato la misurazione dell'efficacia di una campagna di marketing. Molte volte infatti il consumatore non è in grado di **esprimere** ciò che pensa veramente attraverso la comunicazione verbale. Proprio per questo la richiesta di **feedback** non è una tecnica sufficiente per capire l'andamento effettivo e l'efficacia di una campagna di marketing. Con la richiesta di un feedback infatti molte volte non è possibile riuscire a percepire quelle che sono le emozioni che spingono il consumatore a compiere o non **compiere un'azione**.

Già molte aziende hanno iniziato ad intraprendere delle sperimentazioni di nuove tecniche di neuromarketing, tra queste Procter & Gamble, Google, Facebook, Microsoft. Tuttavia, ancora oggi gli esperti di neuromarketing non descrivono con accuratezza i loro esperimenti.

Questa nuova disciplina ha portato allo sviluppo di collaborazioni tra psicologici, neuroscienziati e studiosi del **comportamento** dei consumatori. La prima istituzione a percorrere questo percorso è stata l'università di Harvard.

È necessario quindi un cambio di **percezione**, il che non porta a compiere una preferenza tra il marketing tradizionale e il neuromarketing. L'obiettivo è quello di implementare e collegare entrambe le discipline.

6

Facciamo un esempio: Simone è il titolare di un'azienda di formazione che si occupa della vendita di videocorsi online nell'ambito della "libertà finanziaria". Il suo prodotto è diverso dagli altri, perché riesce a spiegare il contenuto del corso riassumendo al meglio i concetti rendendoli semplici e comprensibili per tutti. Si accorge però che nel corso del tempo questo venga percepito come **"uno fra tanti"** e nonostante delle campagne di marketing sviluppate fra i vari social media e su Google non raggiunge gli obiettivi prefissati. Nel corso del tempo si accorge che sempre più utenti si fanno **condizionare** dalle emozioni e il loro inconscio **guida** le loro **azioni**. Proprio per questo decide di implementare delle tecniche di neuromarketing che possano colpire al meglio tutte le parti del cervello della teoria di Paul MacLean (che vedremo in seguito). Dopo l'applicazione e l'implementazione nella sua strategia di marketing di tecniche di neuromarketing riesce a raggiugere gli **obiettivi** voluti e inoltre nota un risultato sorprendente: molti acquirenti non solo decidono di fidarsi di lui ed acquistare il prodotto da lui proposto, ma si dimostrano molto **riconoscenti** per il cambiamento di vita raggiunto.

Le emozioni dell'uomo sono e saranno sempre di più, nel futuro, oggetto di studio per il marketing. Ricordati che solo riuscendo a **colpire** le **emozioni** potrai aumentare il volume di vendite e fidelizzare il cliente che preferirà ciò che gli proporrai rispetto alla "**value proposition**" degli altri competitor.

IL MODELLO DEI 3 CERVELLI DI PAUL MACLEAN

Il cervello umano è uno dei sistemi più **complessi** da comprendere, di fatti molte **teorie** sul suo funzionamento sono state sviluppate nel corso del tempo. Ora ti starai chiedendo cosa c'entra tutto questo con il marketing? Ti ricordo che il neuromarketing dedica attenzione non solo ai temi trattati dal marketing tradizionale, ma soprattutto al **comportamento** dei consumatori e all'azione dei loro **neuroni**.

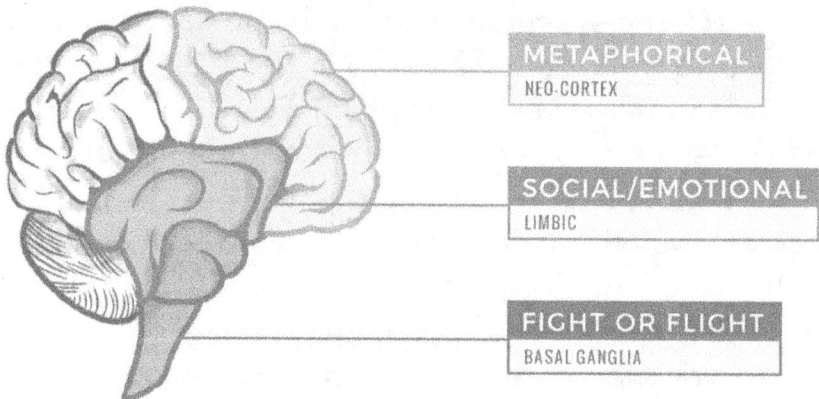

La teoria di Paul MacLean è stata, fin dal primo momento, considerata molto interessante da diversi esperti in marketing.

Lo studioso considera che il cervello umano sia composto da **3 parti**, che possiamo immaginare come 3 piccoli cervelli:

- Il cervello **rettiliano**;

- Il cervello **limbico**;
- La **neocorteccia**;

Questa teoria è riconciliabile a quanto detto dal famoso filosofo e studioso Freud, che dichiarò che le personalità che contraddistinguono la nostra mente sono 3:

- **Es**: rappresenta l'inconscio, gli impulsi, tutti gli istinti primitivi che contraddistinguono l'uomo;
- **Io**: è la parte razionale della mente che cerca di adattare tutte le pulsioni e l'impulsività dell'Es;
- **Super-io**: è la cosiddetta coscienza morale, quella parte del cervello che lega l'uomo al suo sistema di valori.

Ritornando a quanto enunciato da Paul MacLean, il cervello rettiliano è la parte del cervello più "primitiva" che consente all'uomo di **sopravvivere**. Questa è la prima ad essersi **sviluppata**, ed è l'unica presente nei rettili. Attraverso questa parte del cervello l'uomo ha degli **impulsi** come la fame, la rabbia, la paura e così via. Questa parte del cervello secondo MacLean è la zona in cui sono presenti i gangli basali, il cervelletto e il tronco cerebrale. Questa è la parte che ti fa agire senza pensare alle conseguenze, ed è quindi legata all'**impulsività** delle nostre azioni.

La seconda parte del cervello è quella definita "limbica", e non è altro che la parte del cervello **mammifero**. Questa parte, a differenza di quella analizzata precedentemente, non è caratterizzata solo dall'istinto, ma si contraddistingue per una **emotività**

9

maggiormente sviluppata. Si immagina che questa sia lo sviluppo del cervello rettile perché consente all'uomo di affrontare meglio le avversità che derivano dall'ambiente circostante. Il cervello mammifero permette all'uomo di prendersi cura della propria prole, infatti gli animali mammiferi sono gli unici che si prendono cura, in tutte le fasi della crescita, della propria progenie. Infine, la **neocorteccia** è la parte del cervello che si è sviluppata dopo tutte queste, sempre secondo la teoria di Paul MacLean. Questa parte di cervello permette all'uomo di ragionare, ed è quindi la sezione **cognitiva** più **razionale**. Molte volte questa parte viene considerata come quella adulta, che dovrebbe permettere all'essere umano di comprendere tutto ciò che accade nella vita e creare connessioni fra i vari eventi.

La teoria di Paul MacLean nel corso del tempo ha ricevuto anche delle critiche perché non viene universalmente condivisa la visione dei "3 cervelli", che secondo molti non sono da considerare come 3 entità **differenti** "costruite" una sull'altra.

La teoria dei 3 cervelli tuttavia ha suscitato molto interesse nel marketing, ed è diventata uno dei **pilastri** su cui si fonda il neuromarketing. Ma perché assume questa importanza? Ogni uomo ha una parte di cervello più sviluppata, che può essere l'es, l'io o il super-io. Quest'area va a comprimere le altre due, ecco perché è necessario raggiungere un equilibrio per vivere meglio. Per anni si è pensato che l'area più sviluppata della mente umana fosse la neocorteccia e quindi si dovesse fare un marketing con l'obiettivo di **convincere** la parte **razionale** dell'uomo. Nel corso degli anni invece si è notato che il consumatore compie scelte **irrazionali**, quindi sarebbe stato **scorretto** continuare a sviluppare ed applicare un marketing di tipo tradizionale.

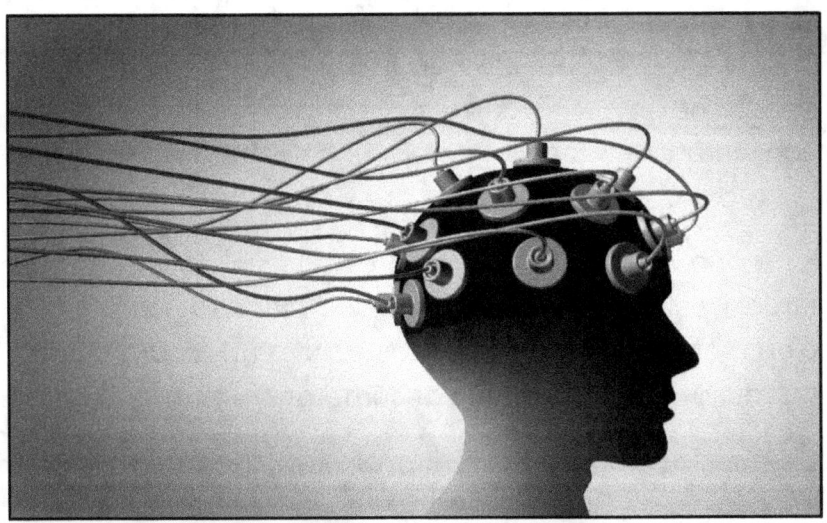

Proprio per questi motivi nel corso degli anni è nata una nuova tipologia di marketing che aveva come obiettivo quello di colpire le **emozioni** del **consumatore**. Di conseguenza, molti brand hanno deciso di effettuare delle pubblicità differenti, che spesso possono apparire sciocche quando vengono visualizzate per la prima volta, ma in realtà risultano **molto efficaci** perché riescono a colpire la **parte inconscia**.

L'inconscio fa compiere all'uomo delle azioni che la parte razionale non può gestire con efficacia, proprio per questo diventa fondamentale per un'azienda **spingere** il consumatore a compiere **scelte** di questo tipo.

11

L' EFFETTO FRAMING

Il processo di **acquisto** di un consumatore, come abbiamo detto nei capitoli precedenti, è caratterizzato da diversi **comportamenti inconsci** che vengono compiuti irrazionalmente. L'**effetto framing** è proprio uno di questi. Questo fenomeno non è altro che la situazione in cui il **contesto** condiziona la scelta del consumatore. Quando compi una scelta di questo tipo è il tuo **inconscio** ad **agire**, ora ti spiego meglio.

La teoria dell'effetto Framing è stata sviluppata da due famosi psicologi: Amos Tversky e Daniel Kahnermann. Con l'effetto framing si costruisce una cornice che **condiziona** le scelte del consumatore.

Ti spiego meglio cos'è l'errore da **incorniciamento**: immagina di doverti sottoporre ad un'operazione alla gamba, e una volta raggiunto l'ospedale parli con il medico che dovrà eseguire l'intervento. Lui ti comunica che il 7% dei pazienti che vengono operati dopo 3 anni perde l'uso della gamba. In un secondo caso invece ti comunica che il 93% dei pazienti che vengono operati dopo 3 anni camminano senza alcun problema.

Quale dei due casi, o meglio, quale delle due cornici costruite ti convincerà di più? Scommetto la **seconda**. Questa non è una casualità, perché sono evidenziati tutti i **lati positivi** di un'operazione, tuttavia entrambe le frasi indicano la **stessa percentuale** di guariti e non guariti!

Neuromarketing: Il Manuale più Completo per Guidare i Processi Decisionali dei Consumatori e Vendere

Il dato non cambia, ma la cornice farà **cambiare** la tua **scelta**. Il framing quindi non è altro che una prospettiva parziale che influenza il processo di scelta.

Kahneman e Tversky nel 1981 spiegarono questo fenomeno con il seguente esempio: "Gli Stati Uniti dovranno affrontare una malattia proveniente dall'Asia che dopo essersi diffusa dovrebbe causare la morte di 600 persone. Esistono due diversi programmi che si possono applicare per combattere questa situazione:

1. Con il programma A vengono salvate 200 persone;

2. Con il programma B ci sono 1/3 di probabilità che 600 persone vengano salvate e 2/3 che non venga salvata nessuna persona."

Il **72%** delle persone che si sono sottoposte a questo test ha preferito la **prima opzione**. La parte irrazionale dell'uomo infatti tende a preferire dei dati che siano "**sicuri**".

Perché cambia la **percezione** delle persone in base al framing che viene utilizzato? Il linguaggio condiziona le scelte dell'uomo, le persone si concentrano sui benefici o sulle perdite, senza considerare mai l'altro lato del problema.

L'effetto framing ha assunto molta importanza nei diversi ambiti in cui questo può avere effetto. Anche nel marketing risulta un concetto fondamentale da comprendere. Immagina di vendere dei pacchi di biscotti. Nel primo caso con il tuo marketing dichiari che il prezzo sarà inferiore del 30%, nel secondo caso invece

13

indichi che allo stesso prezzo il consumatore potrà ottenere il 50% in più del prodotto. Il consumatore sarà spinto a scegliere la **seconda opzione** nonostante il prodotto offerto sia lo **stesso** della prima!

Immagina di dover acquistare un abito elegante, entri in un negozio e ti accoglie un commesso vestito in modo elegante. All'interno percepisci un **buon profumo** oltre che ad una bella **atmosfera**, e ti senti accolto. Al centro del negozio è illuminato da luci montate ad hoc un abito elegantissimo, proprio come lo hai sempre desiderato, al costo di 1000€. Questo costo ti potrà sembrare un po' alto per i tuoi standard e per il tuo budget, tuttavia ci farai almeno un pensierino perché il **framing** comunica al tuo inconscio che quella sarebbe la **scelta giusta** da compiere.

Se lo stesso identico abito fosse venduto da un uomo vestito in modo trasandato, in un mercato dove senti solo l'odore di fritto proveniente da un baracchino nei pressi di quel luogo, e fosse venduto mischiato tra molti altri prodotti e avesse lo stesso prezzo, lo compreresti? Ci faresti almeno un pensierino? Probabilmente **no**.

Il framing non ha effetto esclusivamente nel marketing di prodotti fisici ma anche nel **mondo digitale**. Hai mai notato che videocorsi con le stesse informazioni, o comunque molto simili, hanno prezzi completamente diversi? Le persone che decidono di acquistare il corso più costoso non sono folli, ma sono **attirate** molte volte da un forte **effetto framing**.

Immagina che un venditore di videocorsi crei una landing page dove dichiara che l'80% di chi acquista il suo corso riesce a guadagnare 10.000 in un mese.

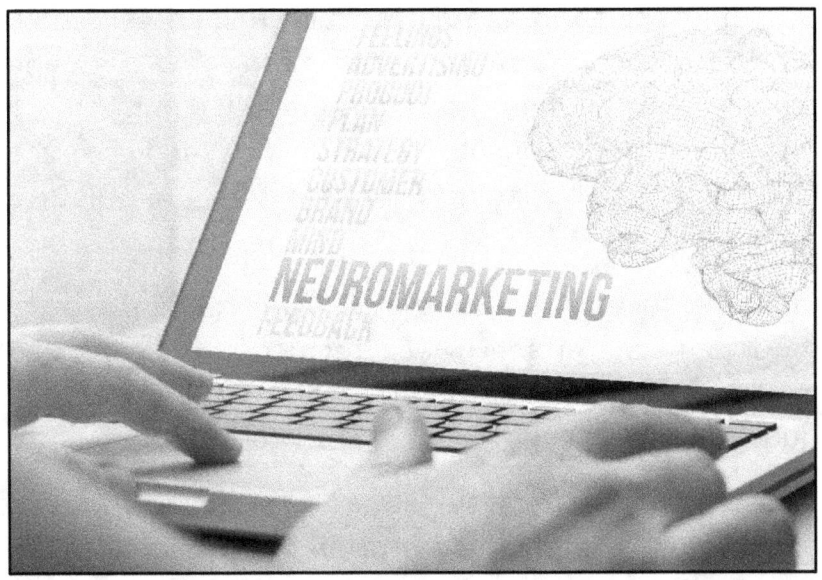

Ora ipotizziamo il caso contrario, lo stesso venditore crea una landing page dove dichiara che il 20% di chi acquista il corso non riesce a guadagnare 10.000 al mese. Quale dei tuoi casi ti spingerà maggiormente all'acquisto? Ovviamente il **primo**, perché in questo caso il venditore sta andando a colpire le tue **emozioni** ed il tuo **inconscio** dichiarando che potrai avere una buona rendita acquistando il suo corso.

Questi possono sembrare concetti banali ma possono fare realmente la **differenza**, poni sempre molta attenzione alla "**cornice**" che stai creando!

Neuromarketing: Il Manuale più Completo per Guidare i Processi Decisionali dei Consumatori e Vendere

L' EFFETTO ESCA

Come avrai già capito in questi primi capitoli le scelte che effettui quando decidi di acquistare un determinato prodotto possono essere **condizionate** senza che te ne renda conto. Il neuromarketing infatti permette di raffinare proprio questa tipologia di **tecniche** che consentono al business di raggiungere un obiettivo prefissato.

Ovviamente non tutti i consumatori agiscono in un certo modo, tuttavia ci sono delle **tecniche** che vanno ad incidere sul **comportamento** della maggior parte di questi.

Questo significa che sei controllato quando vai ad acquistare un determinato prodotto? In realtà no, però attraverso il marketing le aziende cercano di condizionare la tua scelta. Ma perché dovrebbero fare questo? Per ottenere maggiori **vantaggi** e riuscire a fornire un servizio di qualità, tenendo sempre sotto controllo i costi di quest'operazione.

Una delle tecniche di neuromarketing più celebri è sicuramente l'**effetto esca**. L'effetto esca non è altro che il fenomeno che riesce a modificare la preferenza di un individuo tra due opzioni, nel momento in cui gli viene presentata una **terza opzione**.

In inglese è conosciuto anche come **Dacoy effect** o effetto di dominanza asimmetrica. Ora ti spiego meglio con un esempio il funzionamento di questo effetto.

Immagina di essere al supermercato e dover comprare dei biscotti. Hai tre alternative tra cui scegliere, e tutti e tre i tipi di biscotti hanno la stessa forma, sono della stessa marca, e hanno un quantitativo di cioccolato leggermente diverso. Il pacco di biscotti con minor quantitativo di cioccolato ha un costo di 2€, il secondo ha un costo di 2,50€, ed il terzo che ha un quantitativo di cioccolato leggermente superiore ha un costo di 7€. Questo ti farà protendere ad optare per l'acquisto del **secondo pacco** di biscotti.

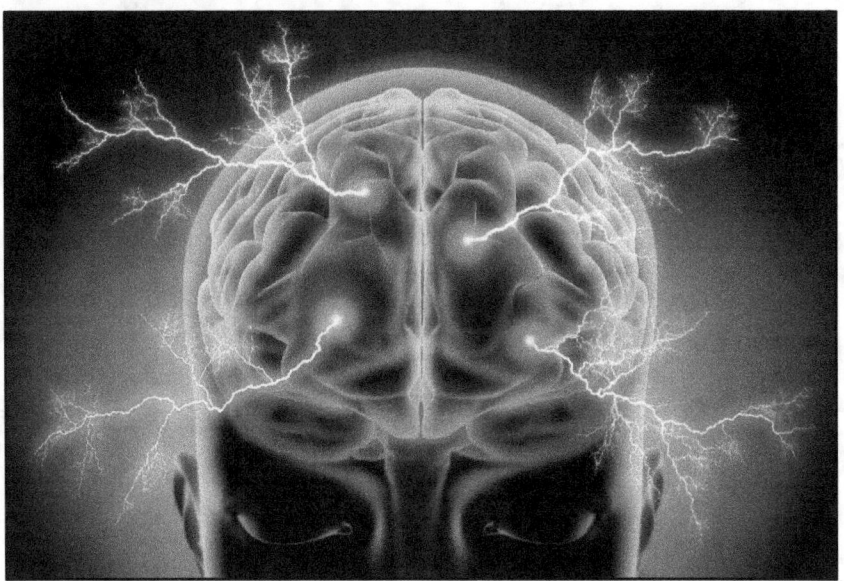

Se ci fossero stati solo i primi due pacchi, sarebbe stato più **difficile** compiere una **scelta**, mentre in questo caso la presenza di un pacco dal costo molto superiore aiuta a far percepire immediatamente come ottime le **qualità** del **secondo** pacco se rapportate al prezzo, molto vantaggioso rispetto agli altri.

Questa tecnica viene applicata continuamente nel marketing, in ogni ambito immaginabile, senza che tu te ne renda conto. Se pensi che le aziende per aumentare il volume di vendite di un prodotto puntino la loro strategia di marketing **esclusivamente** su un abbassamento incondizionato del **prezzo**, sei ben lontano da quella che è la verità.

Il Dacoy effect viene applicato in ogni ambito, molte volte anche nei **ristoranti**. Un caso tipico riguarda le **bottiglie di vino**. Una di scarsa qualità costa ad esempio 10€, una di qualità leggermente superiore ha un costo di 45€ e una di qualità superiore a quest'ultima viene 50€. Nel momento in cui sono presenti solo le prime due bottiglie il cliente sarà molto **indeciso** tra quale scegliere tra queste, ma nel momento in cui è presente anche una **terza bottiglia** dal valore leggermente superiore alla seconda ma di qualità superiore, diventerà un **prezzo accettabile**.

Il mondo **digitale** ovviamente non è esente da questo effetto. Sono sempre più numerosi infatti i venditori di servizi online, come ad esempio videocorsi, che utilizzano questa metodologia di distorsione della realtà. Ti sarà sicuramente capitato di notare che in genere quando un formatore offre un corso online, mette a disposizione tre tipologie di pacchetti differenti:

- **Pacchetto base**: poniamo il caso che questo pacchetto abbia un costo di 100€ per 20 ore di videocorso online;

- **Pacchetto standard**: questo pacchetto ha un costo di 300€ e oltre alle 20 ore di videocorso, viene fornita l'intera trascrizione di questo e la possibilità di avere un libro con dei consigli utili;

- **Pacchetto premium**: questo pacchetto ha un costo di 350€ e offre 20 ore di videocorso, intera trascrizione, libro con consigli, 3 consulenze con il formatore ed accesso ad un gruppo Facebook privato.

Il pacchetto standard rispetto a quello base ha un prezzo tre volte superiore, quindi nel caso ci fossero state esclusivamente queste due opzioni, la scelta da attuare non sarebbe stata semplice. Tuttavia, grazie alla presenza del pacchetto premium che **costa leggermente** di **più** di quello standard, l'utente sarà spinto all'acquisto di questo per ottenere un numero molto maggiore di **benefits**.

PARADOSSO DELLA SCELTA

Come avrai già capito nei capitoli precedenti, il neuromarketing e l'**economia comportamentale** influenzano tutti i giorni la nostra vita, anche se spesso (o quasi sempre) non ne siamo **coscienti**. L'effetto framing e l'effetto esca non sono gli unici metodi che possono influenzare positivamente o negativamente la scelta del consumatore, ma esiste anche il **paradosso della scelta**.

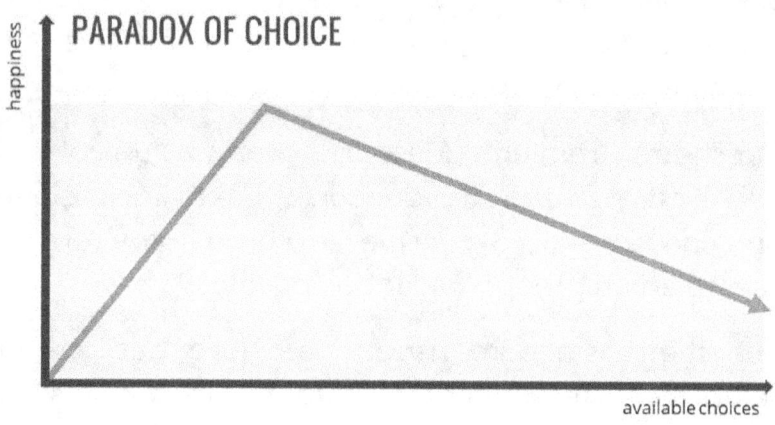

A diffondere questa teoria è stato lo psicologo statunitense Schwartz nel 2005.

Nel corso del tempo le scelte tra cui optare sono **aumentate drasticamente** in ogni ambito. Andare a fare la spesa in un normale supermercato può provocare stress e indecisione a causa della vastità della scelta. Per ogni prodotto che vedi all'interno del supermercato ce ne saranno molti altri che offrono le **stesse prestazioni** o simili, quindi quale **scegliere**?

Questo accade non solo al supermercato ma in ogni ambito della vita. Secondo Barry Schwartz il fatto di avere troppe scelte **limita la libertà**. Questo è un vero e proprio **paradosso**. Se la società offre molte opzioni all'uomo, questo sarà **indeciso** e quindi sarà limitato nelle scelte.

Ti sarà sicuramente capitato di andare in un ristorante e avere a disposizione un **menù immenso**. Probabilmente avrai notato che per decidere la pietanza da ordinare hai impiegato **molto tempo** e dopo non sei stato neanche sicuro della scelta fatta. L'essere umano è anche questo.

In passato la società non forniva all'uomo tutte queste opzioni, quindi nonostante se ne avessero di meno, ci si sentiva **più liberi**. La sensazione di rimorso dopo una scelta era molto limitata o addirittura in alcuni casi non esisteva. Ad esempio, se ti recavi in un ristorante che proponeva un menù fisso non avevi alcuna scelta, tuttavia non avevi neanche una **indecisione** e non affrontavi alcuna situazione di **stress**.

Fare la spesa in un supermercato oggi può essere considerato anche **divertente**, perché per ogni prodotto ci sono diverse opzioni, tuttavia rispetto al passato il **dispendio di tempo** è aumentato moltissimo. Quindi in ogni business, sia offline che online, bisognerebbe stare attenti a non **allargare** molto le **proposte** da fare al cliente, perché se così fosse, questo

21

si potrebbe sentire molto confuso ed optare per una scelta insoddisfacente e sbagliata.

Pensa che famosi ristoranti stellati non utilizzano mai un menù più lungo di una decina di pagine, anzi molti hanno un **menù fisso** che cambia di giorno in giorno!

Questa teoria, che si è dimostrata molto veritiera, ha avuto molti **riflessi nel marketing**, poiché da una grande scelta offerta al consumatore si è passati ad una proposta di vendita molto più limitata. Questo passaggio ha portato benefici ad entrambe le parti, sia al venditore che all'acquirente.

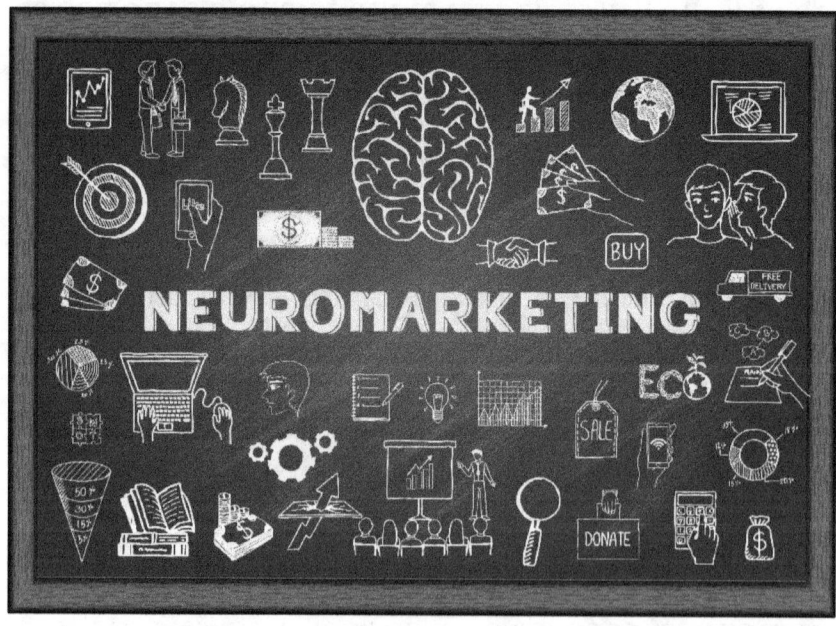

Se hai un business online quindi non offrire al cliente una moltitudine di prodotti che potrebbero **confonderlo**. La tua offerta deve essere chiara, e la call to action deve condurre a far acquistare al cliente quel determinato prodotto. Ad esempio, se hai un blog da cui guadagni grazie alle affiliazioni e tratti articoli in cui recensisci le caratteristiche di diversi tapis roulant che poi inviti ad acquistare, poniti un numero limite di tapis roulant di cui trattare in ogni articolo. Se parlassi di 20 tapis roulant differenti il tuo visitatore andrebbe esclusivamente in **confusione** e probabilmente **non acquisterebbe** alcun prodotto, il che per te significherebbe una **riduzione** del volume dei **guadagni**.

Il paradosso della scelta quindi spesso e volentieri porta anche ad una situazione di **paralisi decisionale**. Il consumatore infatti a causa della sua forte indecisione non compirà alcuna scelta. Come risolvere quindi questa problematica che può avere un effetto negativo sui tuoi volumi di vendita e quindi nel tuo business?

La prima soluzione è quella di **ridurre** il **numero** di **prodotti** o servizi offerti al cliente. La seconda che viene adottata sempre più spesso è la **social proof**.

La social proof non è altro che la **riprova sociale**, che può essere ad esempio l'elenco dei commenti o delle recensioni per un determinato prodotto. Quando infatti il cliente si troverà in una fase di paralisi decisionale tenderà a **copiare** le **azioni** degli **altri**. Quindi evidenziare ad esempio quello che è il prodotto più venduto o il prodotto con il maggior numero di recensioni positive è una scelta corretta che in fin dei conti viene utilizzata anche da una delle più grandi aziende del mondo: **Amazon**.

AVVERSIONE ALLA PERDITA

Un altro fattore che viene considerato fondamentale e che non può essere sottovalutato nel neuromarketing è l'**avversione alla perdita**. Ottenere tutto e subito non è l'unico incentivo che spinge le persone a compiere determinate azioni. Cos'è quindi la perdita?

Per il dizionario la parola "perdita" indica la **privazione**, **sottrazione** o **smarrimento** di qualcosa posseduto in precedenza. La perdita quindi può essere anche la mancanza di una persona, la perdita di pochi euro così come quella di milioni di euro, la perdita di una casa o del proprio animale domestico. La cosa che accomuna tutti gli uomini è l'avversione alla perdita, cioè la **volontà di non voler perdere nulla**.

Alcuni ricercatori di Harvard hanno condotto una ricerca per analizzare cosa **smuove** le persone a **rendere di più** su un posto di lavoro. Un gruppo di dipendenti ha ricevuto un incentivo di 4.000€ immediatamente e al raggiungimento di alcuni obiettivi annuali avrebbe ottenuto altri 4.000€. Nel caso in cui questi obiettivi non fossero stati raggiunti, i dipendenti avrebbero dovuto **restituire tutto**, mentre invece il secondo gruppo di dipendenti **non ha ricevuto** alcun **incentivo** inizialmente, ma al raggiungimento degli stessi obiettivi avrebbe ottenuto 8.000€. Tra i due gruppi le performance del primo si sono rivelate **10 volte superiori** rispetto a quelle del secondo. Il secondo team sembrava essere molto più motivato, nonostante i guadagni di entrambi i gruppi fossero gli stessi: la **paura** di perdere i 4.000€ ricevuti inizialmente è stato un forte **incentivo** che ha spinto i dipendenti ad un impegno molto superiore rispetto agli altri.

La perdita di qualcosa va a colpire la parte **emotiva** dell'uomo, il che ha un impatto molto superiore sulle decisioni rispetto alla parte **razionale** del nostro **cervello**.

Possiamo fare anche un altro esempio. Immagina che stai camminando per strada e ti **cade** dalla tasca del pantalone una banconota da **5 euro** che si va a infilare in una fessura di un tombino. Probabilmente, anche se non è una grande somma, ti sentirai **frustrato** perché un evento imprevisto ha portato via qualcosa di tua proprietà. Se dopo pochi metri troverai a terra un'altra banconota da 5€, ti sentirai appagato per poco tempo proprio perché l'emozione di aver **perso** qualcosa è molto più forte. Si stima che quell'emozione può essere coperta solo nel momento in cui in seguito si trova una banconota dal valore di almeno **2 o 3 volte superiore**. Quindi se in un secondo momento avessi trovato 50€, questa sarebbe stata un'emozione molto più forte di quella della perdita.

Un ruolo fondamentale nell'avversione alla perdita lo svolge sicuramente il **punto di riferimento**. Tenere in considerazione il punto di riferimento non è sempre così scontato. Nel momento in cui hai perso quella 5€, ad esempio, nonostante sia una banconota di poco valore rispetto al tuo patrimonio, la perdita ti avrà dato molto

Neuromarketing: Il Manuale più Completo per Guidare i Processi Decisionali dei Consumatori e Vendere

fastidio. Questo accade perché non si pone **attenzione** al punto di riferimento.

Ti faccio un altro esempio, immagina di aver giocato un biglietto della lotteria e ti accorgi di aver vinto 10.000€, una gran bella somma vero? Nel momento in cui vai a ritirare la tua vincita, tuo malgrado, ti viene comunicato che in realtà hai vinto **1.000€** e non 10.000€. **Nonostante** tu abbia **vinto** qualcosa, l'emozione della perdita di qualcosa di **potenzialmente** tuo sarà molto più forte ed **assorbirà** la **gioia** della tua vincita.

Quindi come assimilare questo concetto e renderlo un punto di forza del tuo business? Il primo tuo obiettivo è quello di capire cosa il tuo potenziale cliente non vuole assolutamente perdere o ciò che sta perdendo se non affronta il problema. In seguito, devi fornirgli la soluzione a quel problema. Ad esempio, chi soffre continuamente di dolori alla schiena sta perdendo la possibilità di fare movimenti senza sentire alcun dolore, di prendere in braccio il proprio figlio o il proprio nipotino, di fare una corsetta o di ballare. È su questo quindi che devi agire, la **soluzione** a questo problema è recarsi da un professionista esperto che possa **risolvere** questa **problematica**.

Il tuo obiettivo è quindi quello di **aiutare** la **persona** nella sua **lotta all'avversione della perdita**. Se tu offri una soluzione ad un problema importante per il tuo cliente fino a quel momento, andrai a colpire il lato **emozionale** della persona e non solo quello razionale. Questo ti consente di vendere un servizio anche ad un costo più alto perché la persona per risolvere quel problema **spenderà qualsiasi cifra**.

Ti consiglio quindi di focalizzarti su una nicchia di persone con determinate **esigenze/problemi**, in questo modo potrai diventare un esperto in quell'ambito e replicare le tue soluzioni più volte e risultare quindi anche più efficace. Essere riconosciuti come i **migliori** in un determinato settore o ambito è una strategia di marketing molto efficace.

La soluzione alle problematiche delle persone è quindi il **fulcro** del tuo **business**. Sottolinea quindi tutto ciò che la persona sta perdendo se non agisce per risolvere quella situazione.

BIAS DI CONFERMA

Abbiamo visto che molte teorie comportamentali si rispecchiano anche nel marketing, e il bias di conferma è una di queste. Ogni persona ha una **percezione** della **realtà** differente, il **pregiudizio** altera la percezione e questo porta all'esistenza del cosiddetto **bias di conferma**.

Il bias di conferma non è altro che un processo cognitivo secondo cui un individuo ha delle **forti convinzioni** e cerca di convincere gli altri che queste siano giuste. Questo quindi porta a situazioni in cui si discute con persone che noi reputiamo intelligenti, tuttavia non si riesce a trovare un **punto di incontro** nel discorso. Questo non avviene perché improvvisamente entrambe le persone che discutono sono diventate **poco intelligenti** o sono affette da chiusura mentale, ma semplicemente perché **credono fortemente** in quel che dicono.

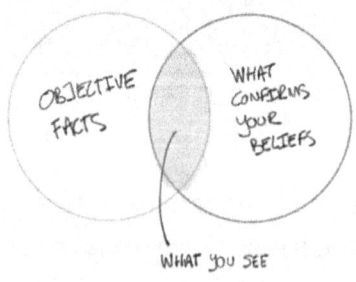

Neuromarketing: Il Manuale più Completo per Guidare i Processi Decisionali dei Consumatori e Vendere

La società moderna bombarda ogni giorno l'uomo con volumi di nuove informazioni sempre più **impressionanti**. Andare quindi a consultare tutte le informazioni con cui ci si imbatte ogni giorno diventa impossibile, questo porta quindi l'uomo a **cercare** solo quelle **informazioni** che siano **conformi** al suo **pensiero**.

Secondo Nickerson, l'ideatore di questa teoria, le persone vanno alla ricerca di quelle informazioni che sono **favorevoli** alle loro **convinzioni**. Questo avviene perché la società richiede all'uomo di essere sempre più veloce nel prendere nuove decisioni.

Ci sono diverse cause che portano quindi al **confirmation bias**. Molte volte l'uomo non è disposto ad accettare le opinioni di altre persone a causa delle sue convinzioni, perché queste potrebbero minare la sua **identità personale**. Quindi tende a difendere le idee, i principi, i modi di fare, semplicemente perché queste convinzioni contraddistinguono la sua personalità da diversi anni, al di là del fatto che queste siano giuste o meno. Quando si agisce in questo modo la parte **razionale** viene **oscurata** dalla parte **emotiva**, che fa sì che certe azioni vengano compiute. Il bias di conferma quindi ostacola molte volte la **diffusione** di **informazioni**.

Il bias di conferma si ritrova in diversi ambiti della mia e della tua vita, come ad esempio nei **discorsi politici**. Probabilmente avrai notato che ci sono dei politici che ripetono **slogan** che vengono accettati dalla comunità in modo da ricevere **maggiori consensi**. Un lettore di

29

sinistra inoltre difficilmente leggerà un libro o un giornale di destra e viceversa, questo è un evidente bias di conferma, perché l'uomo decide di non **mettere** in **discussione** la propria **idea**, che considera indubbiamente giusta. Se lo facesse le caratteristiche che connotano la sua personalità vacillerebbero.

Il confirmation bias esiste anche nel mondo dell'imprenditoria, nel momento in cui l'imprenditore decide di non **ascoltare il parere degli altri**, e nonostante incredibili fallimenti decide di continuare con la sua idea che reputa vincente, anche se in fin dei conti non lo è.

Questo **processo cognitivo**, secondo la psicologia, è legato alla **dissonanza cognitiva**, cioè la sensazione di dispiacere quando qualcosa in cui crede l'uomo si rivela sbagliato. Per evitare questa sensazione si cercano tutte le informazioni che confermano questa.

Il fenomeno del bias di conferma, come puoi ben immaginare, influenza anche il marketing. Ecco perché è necessario imparare a gestirlo con il neuromarketing. Ad esempio, immagina di avere un prodotto che ha degli **standard** oggettivamente **superiori** a quelli di un altro prodotto dello stesso tipo venduto da un **altro brand**. Quindi decidi di fare una pubblicità comparativa fra i due prodotti dove, ovviamente, dai informazioni veritiere sulle caratteristiche di entrambi. Se questa pubblicità dovesse essere vista da un **sostenitore dell'altro marchio** potrebbe iniziare a **disprezzare** il tuo, perché entra in gioco il **bias cognitivo** che mina le sue certezze. **Quindi come agire?** Il primo step è quello di capire chi hai davanti, ovvero chi è il tuo cliente e quali sono le sue **credenze**. In un secondo momento, dopo aver effettuato questa analisi, cerca di **anticipare** le **domande** e le problematiche che il tuo potenziale cliente ti potrebbe porre. Puoi creare ad esempio un'area FAQ in cui rispondi in anticipo a qualsiasi **obiezione** nei confronti del tuo prodotto. Sii sempre **sincero** perché il cliente sarà pronto a **confutare** tutto ciò che hai detto appena vedrà uno spiraglio che conferma la sua visione. Con il marketing puoi anche sfruttare l'effetto bias a tuo favore in un altro modo. Ad esempio, potresti inserire degli **sconti** sul tuo sito ed affiancare questi prodotti ad altri con **prezzi** molto **più alti**. Questa disparità porterà il consumatore a pensare di **risparmiare** molto e quindi lo spingerà all'acquisto.

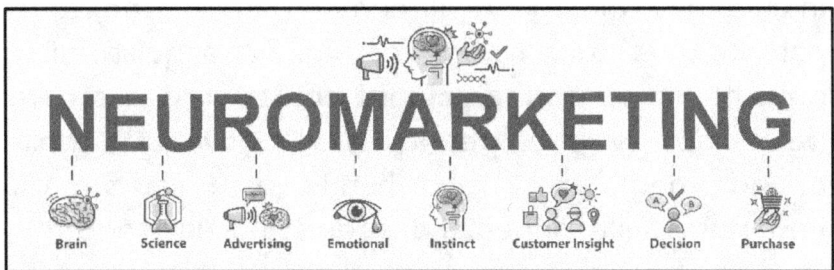

Per non essere coinvolto dall'effetto del bias di conferma la soluzione è unica: bisogna sempre mettere in **discussione** le nostre **abitudini** e le opinioni, anche le più radicate. Se da buon marketer riuscirai a **scardinare** queste **convinzioni**, andrai a colpire le emozioni dei consumatori e quindi il tuo marketing avrà un **effetto dirompente**!

L'EMOTIONAL JOURNEY

Il neuromarketing nasce per studiare i **comportamenti** dei **consumatori**. Per molti anni nel marketing un principio basilare che non è stato mai stato messo in discussione è quello che il consumatore compie delle scelte razionalmente, quindi sceglie il prodotto o servizio migliore per soddisfare le sue esigenze seguendo dei **criteri logici**.

Questo assunto con il neuromarketing viene messo in discussione perché secondo molti studi i consumatori non compiono scelte razionali, ma queste vengono guidate dalle **emozioni**. Se ci pensi, immagino che ti ricorderai alla perfezione tutti i momenti che sono **connotati** da **forti emozioni**: il momento in cui ti sei innamorato/a del/della primo/a ragazzo/a, il momento in cui è nata tua figlio/a, il momento in cui è morto un parente a te molto caro e così via. Se l'acquisto di un prodotto ti ha trasmesso forti emozioni lo ricorderai benissimo. Proprio per queste motivazioni molte aziende negli ultimi anni hanno dato sempre più importanza all'**esperienza di acquisto** di un prodotto.

Tutti i principali marchi hanno raggiunto il successo offrendo una vera e propria **esperienza emozionale** ai loro clienti. Questo processo inizia fin dal momento in cui si entra nel negozio fisico o digitale fino al momento dell'acquisto.

Le aziende creano delle vere e proprie mappe che tracciano l'esperienza emotiva del cliente, il che rientra nell'ambito della **customer experience**. Nella realizzazione di queste mappe è importante che ci si immedesimi nell'ottica del cliente.

In genere l'**emotional Journey** creato dalle aziende è caratterizzato da cinque steps differenti:

- **Attenzione**;
- **Attrazione**;
- **Interesse**;
- **Analisi**;
- **Azione**.

Alcuni di questi steps colpiscono con più efficacia il lato **emotivo** del consumatore mentre altri si focalizzano su quello **razionale**.

Catturare l'attenzione del cliente è il primo step da perseguire e raggiungere, ma non è assolutamente facile poiché ogni giorno, soprattutto online, i clienti sono **bombardati** da migliaia di **informazioni**. Questo primo step non coinvolge molto le emozioni, tuttavia è necessario comprendere delle tecniche di marketing che aiutano a **catturare l'attenzione** del cliente. L'attenzione del cliente in genere viene attratta da immagini in movimento, ad esempio un pesce che si muove nel mare, o immagini luminose, proprio per questo spesso vengono utilizzati effetti di luce unici per rendere le foto **più lucenti**. Hai mai visto in una pubblicità una lattina di una bevanda che non venga rappresentata con un effetto luminoso? Non credo. L'effetto luce è così importante che viene utilizzato anche sul cibo: si utilizzano infatti dei componenti chimici sulla frutta per renderla più lucente, per queste due motivazioni:

- **Attrarre** maggiormente **il cliente**;
- Aumentare la **qualità percepita** del prodotto: il consumatore crede che un frutto più lucente di un altro sia contraddistinto da una qualità superiore;

Il secondo step, dopo aver catturato l'attenzione è quello dell'**attrazione**. In questo momento avrai pochissimo tempo per attrarre il tuo potenziale cliente, quindi il tuo messaggio deve essere chiaro e deve creare delle aspettative. Un esempio potrebbe essere la soluzione ad un determinato problema. Ad esempio: "Hai un mal di schiena atroce e non riesci a muoverti più liberamente? Ho la soluzione per te!".

In questo modo chi è affetto da questa problematica avrà grosse **aspettative** di trovare una soluzione in ciò che stai per proporre.

La terza fase è quella dell'interesse: il tuo obiettivo è quello di creare un **testo** che serva a **colpire** sia il lato **emozionale** che quello **razionale** del tuo cliente. Questo significa che dovrà capire immediatamente e senza alcuna difficoltà la **soluzione** che stai offrendo per risolvere la sua problematica, e dovrà presentare sia dei vantaggi a livello emotivo che razionale.

La quarta fase è forse quella più delicata, siccome nella fase **analitica** prevale la parte **razionale**. In questo step il cliente prima di procedere all'acquisto del prodotto, **confronterà** le sue **caratteristiche** con quelle di altri, quindi è necessario che esista davvero una convenienza che lo convinca ad acquistare quel prodotto. Questo punto sarà molto facilitato se gli steps precedenti sono stati eseguiti **correttamente**.

L'ultima fase è quella dell'**azione** dove il cliente o utente compie una determinata **call to action** richiesta da chi offre il prodotto o servizio. Un'azione di questo tipo può essere l'acquisto del prodotto, oppure ad esempio l'iscrizione ad una newsletter.

Secondo il professor Bernd Schmitt, esperto di **customer experience**, per convincere il consumatore ad acquistare bisogna far leve su due tipologie di sensazioni:

- **Sensoriali**: nel processo di acquisto bisogna riuscire a coinvolgere tutti i sensi dell'acquirente, quindi l'esperienza deve stimolare la vista, l'udito, il tatto ed anche l'olfatto;

- **Emozionali**: deve generare emozioni e sentimenti.

Secondo te perché Apple è diventato uno dei più grandi brand al mondo? Per la qualità dei suoi prodotti?

La qualità dei prodotti Apple non è stato l'unico requisito che ha portato la compagnia americana ad essere il brand più popolare al mondo, ma ci sono altri fattori. Quando entri in un negozio Apple vivi una vera e propria esperienza di acquisto, siccome vieni immediatamente accolto da **personale qualificato**. In Apple non vengono assunti dei semplici commessi, ma degli esperti che credono fortemente nei **valori**

35

dell'azienda. Proprio per questo ti consiglieranno ardentemente di comprare un determinato prodotto e ti spiegheranno perché è migliore rispetto ad altri. Potrai fare qualsiasi domanda sul prodotto e loro saranno pronti a rispondere.

I prodotti Apple non hanno solo un design unico ma sono anche molto semplici da utilizzare, infatti secondo molti sono i prodotti più intuitivi ed user-friendly sul mercato. Per **evidenziare** la **qualità** di questi prodotti Apple concede una **garanzia**, infatti se il prodotto dovesse risultare poco efficiente a causa di alcune problematiche, l'azienda ne concederà **uno nuovo**, senza limitarsi a riparare il dispositivo danneggiato.

Questo è un processo molto **dispendioso** per l'azienda in termini economici, tuttavia consente al cliente di vivere la sua esperienza di acquisto nel migliore dei modi.

EYE TRACKING

Le scelte del consumatore la maggior parte delle volte provengono dal **subconscio**. Il comportamento del consumatore è simile alla struttura di un iceberg poiché è possibile riscontrare solamente una piccolissima parte del suo ragionamento, mentre invece il 90% rappresenta la **parte oscura** governata dal subconscio.

Il subconscio quindi influenza notevolmente le scelte del consumatore. Le aziende quindi non possono sottovalutare questo fattore, anzi nel corso del tempo si sono affinate delle tecniche per studiarlo al meglio.

L'**eye tracking** non è altro che l'**analisi del movimento** dello sguardo di un individuo nel momento in cui visiona una pubblicità. Studiare il movimento dello sguardo, che la maggior parte delle volte non è controllato razionalmente dall'uomo, può essere un mezzo molto rilevante per comprendere la volontà del suo inconscio.

La possibilità di poter comprendere ciò che vede il consumatore con i suoi occhi e **tracciare** il **movimento** di questi è sicuramente un esperimento molto interessante e sicuramente più avvincente rispetto alle tecniche tradizionali. Attraverso l'eye tracking si possono visualizzare i **punti di fissazione** e le saccadi, che non sono altro che lo spazio tra una fissazione e l'altra. Per analizzare il movimento oculare vengono utilizzate delle **mappe di calore** che possono essere statiche quando si osserva un'immagine fissa o

37

dinamiche quando l'occhio umano osserva uno spot pubblicitario. All'interno di queste mappe i punti con il colore **rosso** indicano dove l'occhio umano si è **focalizzato**, mentre quelli di colore **giallo** indicano il punto **visualizzato ma non focalizzato** dall'uomo.

Oggi a differenza di anni fa, il fatto di avere un prodotto esposto all'interno di una vetrina o su uno scaffale non comporta necessariamente un alto numero di vendite, poichè ogni giorno i consumatori sono bombardati dalla pubblicità e da migliaia di prodotti. Un ruolo importante soprattutto nei negozi fisici lo assume quindi il **packaging**.

Secondo diversi studi i prodotti con il migliore packaging hanno volumi di vendita superiori. Il packaging tuttavia non è l'unica discriminante, infatti un

38

altro fattore molto importante è sicuramente la **posizione nello scaffale**. Nei supermercati infatti i prodotti posti in basso nello scaffale sono quelli che vengono visti di meno e quindi hanno un volume di **vendite inferiore**.

L'eye tracking può essere applicato in diversi settori, non esclusivamente in quello della vendita fisica. È infatti un indicatore che permette anche di **misurare** l'**attenzione** del cliente nel corso degli annunci pubblicitari che avvengono su internet o sui social media. L'occhio umano si sta **abituando** agli **annunci pubblicitari**, soprattutto a quelli presenti su internet, che sempre più facilmente vengono ignorati.

Proprio per questo siamo in un processo di continuo cambiamento nel modo di fare marketing, infatti sempre più pubblicità invitano l'utente a compiere un'**azione concreta**, in modo tale che l'attenzione possa essere anche in minima parte catturata.

L'Eye tracking può essere utilizzato anche per tracciare l'attenzione del cliente che si reca sul tuo sito. Potrai valutare quindi attraverso questo strumento **a cosa**, il tuo cliente, **dedica attenzione**. Se l'attenzione del cliente è catturata da dettagli insignificanti per raggiungere il tuo fine dovrai cambiare la composizione della tua pagina web.

Generalmente l'attenzione del cliente si concentra su immagini che ritraggono **persone in primo piano**, che abbiano una postura "sincera" e che siano positive. Anche dei social network come Facebook hanno dichiarato che hanno un maggiore potere di **conversione** tutte quelle immagini che sono **positive**, probabilmente è anche giusto che sia così. In molti credono che immagini anche fin troppo elaborate con molti effetti catturino in minor misura l'attenzione rispetto ad altre che risultano più comuni.

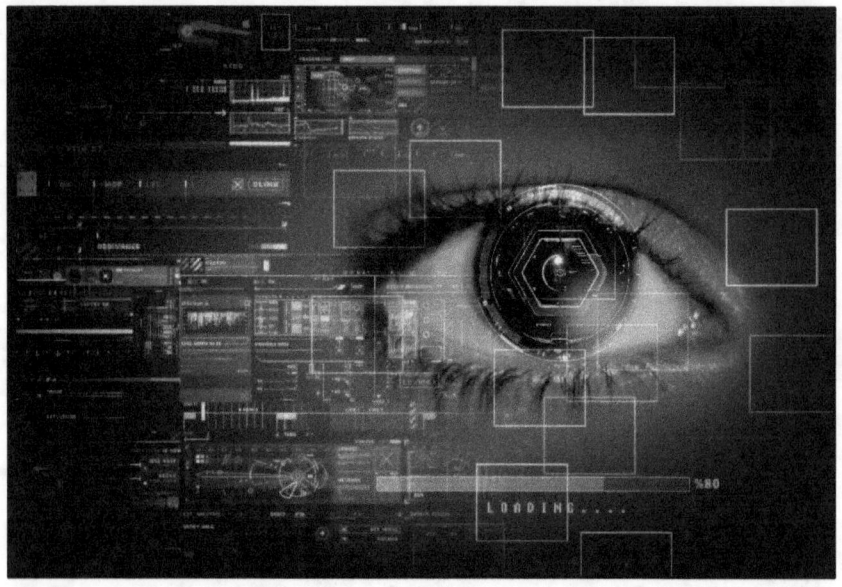

I dati che derivano dal monitoraggio dell'eye tracking aiutano a **comprendere** meglio lo **spettatore**. Sono molto utili, infatti, a determinare quali messaggi di marketing **funzionano** per gli spettatori e quali messaggi di marketing li lasciano "**impassibili**."

EEG NEL NEUROMARKETING

In passato il marketing cercava di comprendere il pensiero dei consumatori chiedendo loro delle semplici **opinioni** su un determinato spot pubblicitario. Le domande che venivano effettuate al consumatore erano diverse e potevano essere, **ad esempio**:

- Che **emozione** hai provato vedendo questo spot?
- È stato di tuo **gradimento**?
- Cosa ti è **piaciuto** di questo spot?
- Le **caratteristiche** del prodotto sono **emerse** da questo **spot**?

Queste sono solo alcune delle domande che un marketer può sottoporre ad un **intervistato**. Questo meccanismo di valutazione è stato valido per molti anni, tuttavia il neuromarketing ormai da diversi anni sta **cambiando** l'**approccio** definito tradizionale.

Con questo approccio infatti non è possibile capire il **vero pensiero** del consumatore, probabilmente perché anche lui in alcuni casi non sa da cosa sia stato realmente **attirato** in quella **pubblicità**. Questo è stato per molti anni da parte di diversi marketer un problema insormontabile, ed anche per diverse aziende che non riuscivano a conoscere l'effettivo andamento delle campagne marketing e se queste avessero portato o meno maggiori risultati.

Anche i possessori di e-commerce e siti web spesso si trovano in **situazioni difficili** perché nonostante possano analizzare i dati dei visitatori del loro sito, nel momento in cui le vendite hanno un volume basso, non possono capire con certezza quale sia la **causa** di questo **problema**, infatti il basso volume di vendite potrebbe derivare da un prodotto non apprezzato, da una campagna marketing sbagliata o semplicemente da un'interfaccia web difficile da utilizzare.

Immagina quindi di poter riuscire a **comprendere** meglio le **reazioni** della **mente umana** nel momento in cui viene visualizzata una pubblicità o semplicemente una piattaforma web, questo è possibile attraverso l'**elettroencefalogramma** detto anche EEG. L'EEG è un mezzo che permette di misurare l'attività elettrica del cervello attraverso il posizionamento di **elettrodi** sopra lo scalpo.

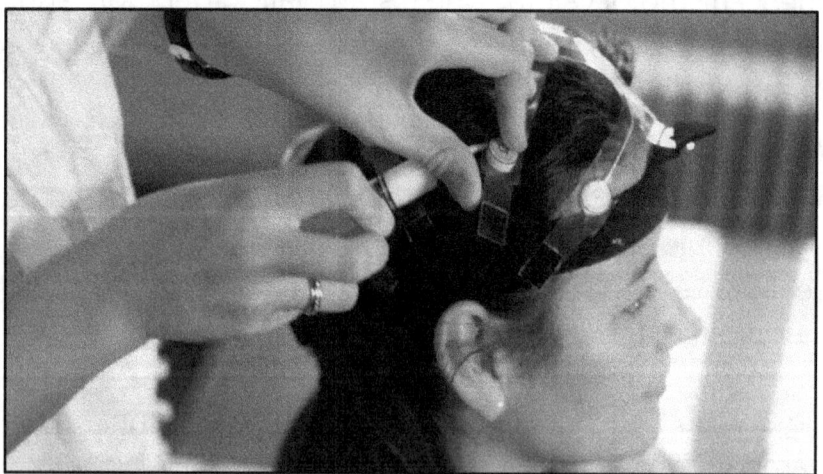

Secondo diverse ricerche il cervello umano è composto da due emisferi, quello **sinistro** che rappresenta la parte più **razionale** legata alla **logica**, mentre quello **destro** rappresenta la parte più **creativa** legata alla **fantasia**.

42

Il neuroscienziato premio nobel Roger Sperry ha evidenziato i cambiamenti dello **stato emotivo** delle due sfere del cervello in una situazione di **piacevolezza**. Quando si era in presenza di una situazione **piacevole** l'emisfero **sinistro** reagiva **positivamente**, mentre nel caso in cui si era in presenza di una situazione **negativa** entrava in gioco l'emisfero **destro**.

Grazie all'EEG è possibile valutare le **onde celebrali** all'interno del cervello umano. In diversi esperimenti sono stati comparati diversi spot pubblicitari, e le **onde celebrali** del cervello hanno agito diversamente. Quando ci si trova davanti ad un'**elevata frequenza** di queste onde significa che il cervello sta percependo un'**emozione**, o comunque lo spot sta **suscitato qualcosa**, mentre nel caso in cui le onde celebrali producono **poche oscillazioni** la campagna di marketing o lo spot pubblicitario ha avuto **poco effetto**.

L' EEG viene utilizzato spesso insieme alle tecniche di eye tracking: la combinazione di queste due tipologie di analisi permette un **tracciamento** quasi completo dei **pensieri** del **consumatore**. Il primo ad utilizzare l'elettroencefalogramma è stato Krugman, circa 40 anni fa, però questo strumento ha avuto diffusione nel marketing solamente a partire da qualche anno fa.

L'EEG rivela il **grado** di **eccitazione**, frustrazione e **desiderio** del **cliente**, ed inoltre il suo utilizzo non arreca alcun danno alla salute umana, quindi ci si può sottoporre ad un **trattamento** di questo tipo che dura solo **pochi secondi**, senza incorrere in **alcun rischio**.

GSR NEL NEUROMARKETING

Ci sono diversi strumenti che vengono utilizzati nel neuromarketing per cercare di analizzare e misurare le emozioni ed il **lato irrazionale** delle persone che per la prima volta vedono una pubblicità. Oltre all'Eye tracking e l'EEG, esiste un altro strumento che viene utilizzato spesso e volentieri da molti esperti di **economia comportamentale** che permette di percepire, se collegato anche ad altre strumentazioni, i veri sentimenti dell'intervistato. Questo strumento è il **GSR**, cioè **risposta galvanica della pelle**.

Questo strumento permette di misurare la **sudorazione** della **pelle**. In questo momento probabilmente ti starai chiedendo "ma cosa c'entra il neuromarketing con la sudorazione della pelle?". In realtà tutto questo ha un significato. Generalmente l'uomo quando vive delle **emozioni forti**, come lo stress o agitazione, ha una **sudorazione maggiore** perché questa è collegata sistema nervoso autonomo. Se il ramo simpatico è fortemente stimolato dal sistema nervoso, l'uomo avrà un aumento della sua sudorazione e un **incremento** della **conduttanza cutanea**.

Ti sarà sicuramente capitato nel periodo scolastico o universitario di avere le **mani sudate** per l'ansia o per lo stress. Le mani e quindi il tatto danno **segnali** molto **importanti**. Proprio per questo vengono continuamente analizzati anche nel settore del neuromarketing.

Neuromarketing: Il Manuale più Completo per Guidare i Processi Decisionali dei Consumatori e Vendere

In genere per quanto riguarda la **risposta galvanica** della pelle, una delle tecnologie che viene maggiormente utilizzata è il Bitbrain's Ring, che ha la forma di un anello ed include sia il sensore GSR che l'**ECG**, ovvero l'elettrocardiogramma che **misura** l'**attività elettrica** del **cuore**.

L'uomo inserisce l'indice ed il medio all'interno di questo anello dotato di sensori, che si occuperà della **misurazione** dell'**emotività** partendo da uno stato stazionario di calma fino ad arrivare ad uno stato di eccitazione.

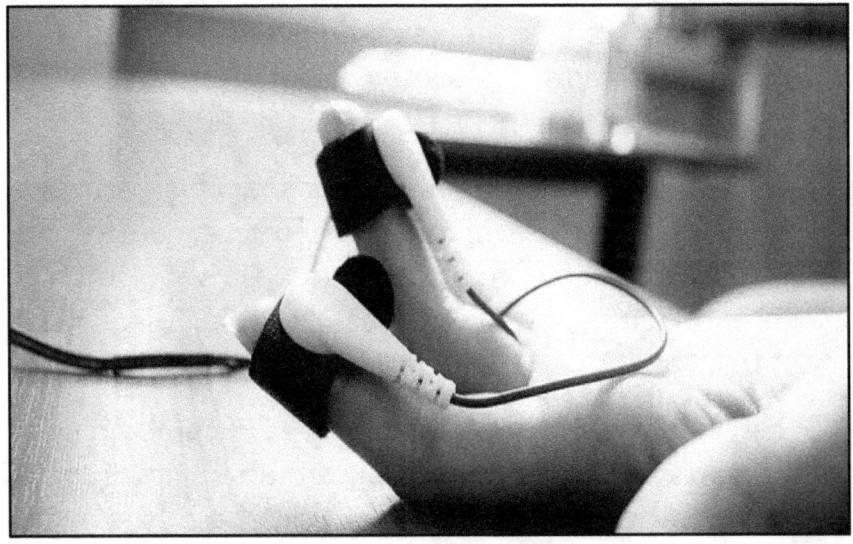

In genere gli strumenti di eye Tracking, EEG, e GSR vengono usati **combinati** fra loro, perché **associando** i vari **risultati** derivanti dall'analisi delle emozioni e dall'alterazione dello **stato cognitivo** dell'uomo si possono **raggiungere** risultati più **certi**.

CODIFICA FACCIALE

Le **emozioni** hanno rivoluzionato il mondo del marketing, ma cosa sono e perché sono così importanti?

Può essere considerata emozione una qualsiasi **esperienza** di **breve durata** che è caratterizzata da un'**intensa attività mentale** connotata da un elevato grado di piacere o dispiacere.

Le emozioni derivano dal nostro inconscio, la parte irrazionale del nostro corpo, che Freud chiama **Es**. Questa è la **parte primitiva** del nostro cervello, e proprio per questo le emozioni sono **peculiarità ingestibili** da parte dell'uomo.

Le emozioni sprigionano sul nostro corpo diversi segnali, la nostra faccia infatti ha la capacità di assumere ben **10.000 espressioni diverse**. Tuttavia, quelle che ogni viso utilizza con maggior frequenza sono solo sei, ovvero: **felicità, paura, sorpresa, rabbia, disgusto** e **tristezza**.

Questi **sentimenti** si riflettono anche sul **cambiamento** del **colore** della **pelle**, basti pensare ad una persona in un momento di forte imbarazzo o di rabbia, che avrà il viso arrossato quasi paonazzo.

Il **movimento** delle **sopracciglia** varia in relazione all'emozione che si affronta, ad esempio, nel momento in cui si è davanti ad una **sorpresa** le sopracciglia andranno verso l'alto. Le emozioni sono influenzate

Neuromarketing: Il Manuale più Completo per Guidare i Processi Decisionali dei Consumatori e Vendere

anche da altri fattori che **incidono** sulla **personalità** dell'uomo, come l'età, l'umore, il sesso e l'intelligenza.

Basic Emotions

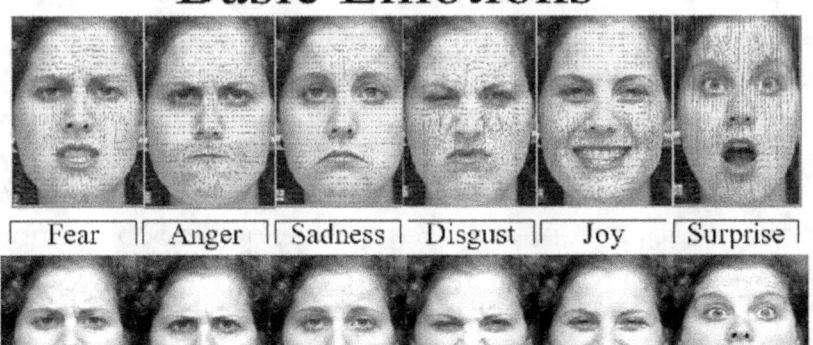

| Fear | Anger | Sadness | Disgust | Joy | Surprise |

Le **emozioni di base** si riflettono allo stesso modo sul viso delle persone in qualsiasi parte del mondo. Una persona triste avrà il labbro e gli occhi rivolti verso il basso, e potrebbero anche scendergli delle lacrime. Una persona felice avrà delle piccole rughe attorno agli occhi ed il labbro rivolto verso l'alto, e a volte mostrerà i denti. Gli **atteggiamenti facciali** sono univoci e riconoscibili velocemente, indipendentemente dalla cultura con cui ci si rapporta.

Le espressioni facciali **riflettono le emozioni**, e spesso sono movimenti molto veloci e quindi anche incontrollabili. Proprio per questo hanno suscitato molto interesse, soprattutto nel mondo del marketing, perché grazie a queste è possibile valutare il vero **pensiero** di chi **osserva** uno **spot** pubblicitario.

In genere l'uomo prova a **decodificare** fin dai primi anni di vita l'espressione dell'altro, tuttavia non riesce a fare questa operazione sempre con successo. Spesso infatti le persone provano a gestire le loro espressioni facciali ed a **mascherare** il loro **pensiero** per non ferire l'altro o per non creare disguidi.

Ad esempio, immagina di trovarti a casa di tua suocera e durante il pranzo questa ti serve proprio il piatto che odi maggiormente. Sembrerebbe poco carino rifiutarlo, quindi cosa fare? Provi a fare un sorriso di circostanza e a dare qualche boccone.

Situazioni simili probabilmente ti sono capitate spesso durante la tua vita, tuttavia quando attui delle azioni di questo tipo stai molto attento perché le tue espressioni facciali sono molto più veloci del tuo **pensiero razionale**. Questo significa che senza rendertene conto nel momento in cui tua suocera ti ha servito il piatto tanto odiato hai fatto per un millesimo di secondo una espressione di dissenso, che ad un acuto osservatore non passa di certo inosservata.

Il primo a parlare di espressioni facciali fu **Charles Darwin** che nel 1872 dichiarò, dopo un lavoro di comparazione tra le espressioni facciali degli uomini e quelle degli animali, che queste sono **innate** ed **irrazionali**.

Nel 1960 lo psicologo Paul Elkman confermò la teoria di Charles Darwin che tutt'oggi è ancora valida e non è **mai** stata **smentita**.

Nel corso degli anni sono stati numerosi gli studi per cercare di identificare le espressioni facciali e codificarle. Nel 2018 è nato il **FACS** (The Facial Action Coding System) che non è altro che un programma che **descrive** ogni **movimento** del **viso**.

Questo sistema viene utilizzato per classificare le varie espressioni facciali, tuttavia il problema è la **tempistica**, infatti il processo richiede molto tempo per raggiungere un risultato qualitativamente di alto livello.

Per queste motivazioni sono nati anche **programmi** di **codifica automatizzati** che estrapolano ed analizzano le espressioni facciali. Nell'ambito del neuromarketing vengono utilizzati spesso per **analizzare** il **pensiero** e soprattutto le emozioni dell'utente.

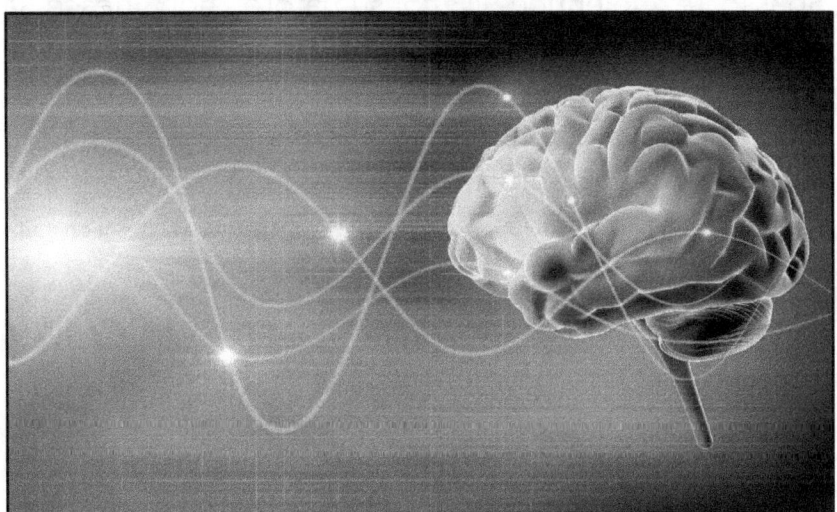

Solo conoscendo ciò che pensa realmente l'inconscio del consumatore, il business potrà raggiungere migliori obiettivi e migliorare l'**User Experience** (UX).

Neuromarketing: Il Manuale più Completo per Guidare i Processi Decisionali dei Consumatori e Vendere

ELEMENTI DELL'UNIQUE VALUE PROPOSITION

Oggigiorno è possibile aprire un e-commerce anche in poche ore ed iniziare a vendere prodotti. Non sono necessari ingenti investimenti, infatti questo potrebbe sembrare (e forse lo è) il periodo perfetto per avviare una nuova attività. Tuttavia, non è tutto così **semplice** come **sembra**.

L'apertura di un e-commerce infatti non corrisponde a dei guadagni immediati, ogni giorno ne vengono aperti **moltissimi** ma in **pochi** riescono a raggiungere i **risultati** voluti. Perché accade questo?

Spesso e volentieri il consumatore non riesce a percepire la **differenza** fra un e-commerce e l'altro, e trovandosi **spaesato** preferisce acquistare da un sito o da un brand che conosce ed ha una maggiore **riprova sociale** (social proof). Questo problema si riscontra in tutti i tipi di business, anche per quanto riguarda gli shop fisici.

Il problema della maggior parte delle attività imprenditoriali è la **comunicazione** con il **cliente**: non si riesce infatti a comunicare ciò che differenzia un prodotto dall'altro e il perché si dovrebbe acquistare da quel determinato negozio/sito e non da Amazon e così via. Questi possono sembrare concetti banali ma non lo sono. Le **esigenze** dei clienti sono **accresciute** molto nel corso del tempo anche a causa del livello sempre maggiore di offerta e di informazioni.

Non è più sufficiente comunicare ad un potenziale cliente: "acquista in questo negozio/sito perché i prodotti sono di qualità", siccome l'**asimmetria informativa** si è ridotta a causa del fatto che con **internet** in pochi secondi è possibile venire a conoscenza di **qualsiasi informazione**. Quindi come fare per avviare un business di successo e differenziarti dagli altri?

Il primo passo è quello di pensare e creare una **UVP (Unique Value Proposition)**, ovvero la cosiddetta **proposta di valore**, che sta ad indicare la ragione per cui un cliente deve acquistare il tuo prodotto e non quello di un altro concorrente.

Il primo step che dovrai compiere sarà quello di creare un **profilo** del tuo **potenziale cliente** ed identificare i suoi problemi da risolvere. Immagina come sarebbe il tuo **cliente ideale**, età, genere, interessi e così via ed utilizza un linguaggio che sia consono a lui.

Una volta **identificato** il **problema** da risolvere devi trovare una soluzione che quindi gli possa portare dei benefici. Per capire il problema da risolvere, ricercalo fra tutto ciò che può colpire le **emozioni** della persona, ad esempio una **soluzione** che faccia risparmiare del tempo che può essere dedicato poi ai propri figli. Se non colpisci il **lato emozionale** e ti concentri solo quello **razionale** non avrai **mai** grandi **risultati**.

È fondamentale il **criterio di pertinenza**, infatti ad un problema devi sempre presentare una soluzione e questo deve essere chiaro fin dal primo momento.

Il secondo criterio è quello del valore **quantificato**: devi offrire dei **vantaggi** che spingono il cliente ad acquistare il tuo prodotto. Se acquisti un prodotto Apple, ad esempio, sai che stai acquistando un prodotto con un design unico, con facilità d'uso ed alte prestazioni. Trova quindi la **motivazione** per cui il cliente ha un **vantaggio reale** nell'acquistare il tuo prodotto.

Il terzo criterio fondamentale è quello della **differenziazione**. Devi spiegare al cliente perché deve acquistare da te e non da un altro concorrente e che cosa ti rende migliore. Ricordati di cercare dei **vantaggi** che siano **oggettivi**, non puoi semplicemente dire "perché il mio prodotto è migliore del suo": questa sarebbe semplicemente una cattiva pubblicità nei confronti di un altro business, il marketing non è questo.

La tua **proposta di valore** deve essere subito ben **chiara**, fin dal momento in cui l'utente fa l'accesso al tuo sito, e deve essere anche **visibile** da **qualsiasi pagina**. Il tuo cliente non sarà di certo infastidito dal fatto che tu gli stai offrendo proprio quello che cerca da tanto tempo, ovvero una **soluzione** per il suo **problema**! Il testo della tua proposta di valore deve essere chiaro, e se ti accorgi che non lo è o non riesci a comunicare nel modo giusto, puoi rivolgerti ad un copywriter che si occuperà proprio di questo. Queste figure professionali si possono trovare facilmente online. La proposta di valore **non è uno slogan**, quindi ad esempio: "Dove c'è Barilla, c'è casa!", che è uno degli slogan più famosi al mondo, non è una proposta di valore. La proposta di valore indica ciò che stai offrendo per **risolvere il problema** del cliente.

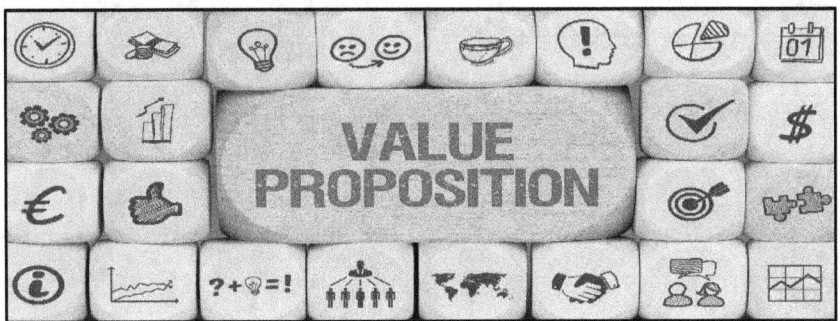

Da cosa è composta quindi una proposta di valore?

La **value proposition** è composta da un titolo, che è la parte dove indichi la **soluzione** al **problema**, da dei paragrafi, in genere di poche righe, dove spieghi con chiarezza come andrai a risolvere quel problema ed infine un **elenco puntato** dove indichi le varie soluzione e soprattutto inserisci un **elemento visivo**. Dall'eye tracking emerge proprio che gli elementi visivi sono i punti della pagina dove l'occhio dell'utente si concentra di più, quindi crea un video o un'immagine che possa attirare l'attenzione. Nella tua proposta di valore devi comunicare i **risultati concreti** che l'utente può raggiungere e devi evitare l'hype. Scrivere nella proposta di valore che il tuo **servizio** è **incredibile** o il migliore è un qualcosa di deleterio, perché queste parole **non creano fiducia** nei confronti dell'utente.

53

COME AUMENTARE LA FIDUCIA DEL CLIENTE

Molti **business** dopo aver ottenuto le prime vendite e ricevuto i primi incassi non riescono a **replicare** le stesse **performance** nel tempo, siccome non sono in grado di fidelizzare i loro clienti.

La fiducia del cliente non è facile da ottenere ed è un **processo** che **richiede** molto **tempo**, anche diversi mesi o anni. Nel momento in cui però si crea un rapporto di fiducia e si riesce a fidelizzare il cliente, questo difficilmente volterà le spalle al tuo business ed anzi sarà il primo a **pubblicizzarti**, e quindi ad aiutarti a far **aumentare** i **guadagni** grazie al **passaparola**.

Quindi come raggiungere questo obiettivo? In realtà non esiste una formula magica, tuttavia esistono alcuni **accorgimenti** che si possono adottare per far sì che questo processo avvenga facilmente. È necessario che queste accortezze vengano applicate fin dal primo momento e che non si venga meno, in nessun caso, a ognuna di queste.

Il primo principio da prendere in considerazione è che le persone preferiscono **parlare** con **altre persone**. Puoi utilizzare bot che rispondono automaticamente alle risposte dei clienti, tuttavia non otterrai gli stessi risultati in termini di fiducia. Una persona con un problema vuole comunicare con qualcuno che mostri **empatia** nei suoi confronti e soprattutto che lo possa **aiutare**

Neuromarketing: Il Manuale più Completo per Guidare i Processi Decisionali dei Consumatori e Vendere

immediatamente. Quindi costruisci un canale di comunicazione sempre disponibile in cui possono parlare con un "**contatto umano**".

Il secondo principio è quello della **trasparenza**. Se vuoi avere un'impresa o un'attività di **successo**, avere un atteggiamento **anonimo** non porterà alcun risultato. Devi sottolineare più volte i **valori** del tuo business, che devono essere chiari al tuo cliente. Un consiglio che ti do è quello di inserire all'interno del tuo sito una **sezione** in cui comunichi proprio gli **ideali dell'azienda**. Non sottovalutare questo fattore perché la maggior parte delle persone che si relazionano con un nuovo business pensano che l'obiettivo di questo sia solo ed esclusivamente **spillare soldi**. Fai capire che il tuo obiettivo non è quello di arricchirti sulle spalle degli altri, ma quello di **portare** dei **vantaggi** alla **comunità** e non solo alle tue **tasche**.

Il terzo accorgimento è quello di **diffondere** i tuoi **errori**. Questa potrebbe sembrarti a primo impatto una strategia **deleteria**, ma invece servirà per farti apparire trasparente e sincero. Il tuo cliente non vuole relazionarsi con qualcuno di "**perfetto**", come una macchina che **non commette errori**, ma vuole comunicare con qualcuno che sia **simile a lui** e che capisca in che modo può aiutarlo. È sempre un bene evidenziare se ci sono stati **errori** nel **passato** e soprattutto come siano stati **superati**. Ricorda che **nessuno è perfetto**, per fortuna.

Neuromarketing: Il Manuale più Completo per Guidare i Processi Decisionali dei Consumatori e Vendere

La quarta accortezza è quella di ottenere dei **feedback** dai tuoi **clienti**. La **riprova sociale** condiziona molto le scelte dei consumatori, soprattutto perché nel momento in cui questi si trovano in una situazione di **paralisi decisionale**, la prima cosa che faranno sarà quella di vedere cosa hanno fatto le altre persone **prima di loro**. Proprio per questo i **feedback** risultano essere **fondamentali**, ovviamente se **positivi** è molto **meglio**.

Il quinto principio è la **riduzione della complessità**. Illustra ai tuoi clienti qualsiasi tuo servizio o le **caratteristiche** del tuo prodotto **riducendo** la **complessità** al **minimo**. Le **potenzialità** del tuo prodotto/servizio devono essere **comprese** senza alcuno sforzo **anche da parte di un bambino**. Puoi inserire anche delle **immagini** e delle **infografiche** che possono aiutarti nella spiegazione.

Il sesto ed ultimo principio è quello di stare attento alla scelta di tuoi eventuali **partner commerciali**. Se ti venisse fatta un'offerta vantaggiosa da parte di un'azienda che però gode di una **reputazione negativa**, è meglio **declinare** per non nuocere il tuo business!

56

PUBBLICITÀ E NEUROMARKETING

Il mondo della pubblicità nel corso degli anni è cambiato **drasticamente**, e di pari passo si sono evolute le **esigenze** dei **consumatori** che di giorno in giorno vengono a contatto con centinaia di spot pubblicitari diversi. La **soglia dell'attenzione** per le inserzioni promozionali "classiche" si è **abbassata** con il passare del tempo. In passato un qualunque spot pubblicitario che rappresentasse persone o oggetti in movimento attirava l'attenzione. Ma senza le tecniche di **neuromarketing**, l'azienda come riusciva a capire cosa fosse piaciuto o meno al cliente, insomma cosa **attirava** la sua **attenzione** per davvero?

Pochi anni fa un noto brand automobilistico ha sviluppato uno spot pubblicitario del suo ultimo modello di automobile sportiva. Alcuni suoi clienti hanno utilizzato un **EEG** per trasmettere i dati e le loro reazioni all'azienda. Durante lo spot pubblicitario si possono ammirare le qualità e l'aggressività su strada del veicolo, mentre verso la fine dello spot c'è un piccolo **stacco** dove vengono mostrati dei **pattini** di una pattinatrice in movimento. Questa non è altro che una **metafora** creata per dare l'idea della sicurezza dell'autovettura anche sulle strade ghiacciate. Dall'analisi emersa dall'EEG sono fuoriusciti risultati davvero molto interessanti, in quanto il momento di **minima attività cerebrale** e quindi di **bassa attenzione** sono stati proprio quei tre secondi in cui si intravedono i pattini.

Uno spot pubblicitario di pochi secondi può costare diversi **milioni di euro**, quindi come puoi ben capire anche un piccolo passaggio non azzeccato possa rappresentare un ingente somma di denaro investita in modo sbagliato, e ancora peggio possa **rovinare tutto** ciò che è stato sviluppato negli altri secondi del video.

Per tutta la durata di questo spot l'azienda ha voluto far passare il messaggio che questa macchina possa essere utilizzata solo da veri uomini che non hanno paura di niente e che non vedono l'ora di sfrecciare sulle strade con la loro macchina sportiva. L'immagine della pattinatrice, quindi di un simbolo femminile, in uno spot di questo tipo risulta essere **disorientante**. Per confermare questa tesi, i marketer di questa azienda si sono chiesti che cosa potrebbe accadere se al posto della pattinatrice venisse inserito un giocatore di **hockey**, quindi un'immagine **maschile** che possa rappresentare la **stessa metafora**. Lo spot è stato cambiato inserendo l'immagine del giocatore ed i risultati sono stati nettamente migliori perché i clienti notavano una certa **coerenza** durante tutto lo spot pubblicitario.

Un'approfondita analisi attraverso le strumentazioni del neuromarketing permette di **analizzare ogni secondo** di uno spot pubblicitario ed evidenziare come **impulsivamente** reagisca la mente umana.

La pubblicità nel corso degli anni è cambiata, con l'obiettivo di cercare di **coinvolgere** continuamente **tutti** i **sensi** dei clienti. Basti pensare che molti negozi di vestiario femminile diffondono nei loro store l'**odore** di **vaniglia** perché secondo alcuni studi questo farebbe **raddoppiare** la **propensione all'acquisto**!

Anche il colore dell'uovo è passato dal bianco ad un colore più scuro, mentre le galline sono sempre le stesse da sempre, sai perché è accaduto questo? Secondo delle ricerche di marketing il colore più scuro dell'uovo ricorda all'uomo gli spazi aperti, la **campagna**, e quindi in questo caso la **genuinità** del prodotto. I contadini proprio per questo, per ottenere una colorazione più scura fanno assumere alle loro galline un maggior quantitativo di vitamine.

Ritornando agli odori, una nota catena di fast food ha diffuso nei suoi locali un **odore** di **carne alla griglia**, e attraverso questo odore sono riusciti ad **attirare molti più clienti**, siccome questi pensavano che il profumino

provenisse dalla cucina, ma non era assolutamente così!

Quindi quali sono i consigli che possono essere adottati in una campagna pubblicitaria? Il primo è quello di **identificare** immediatamente nel tuo spot pubblicitario il tuo **marchio**. L'attenzione all'**inizio** dello spot è massima, quindi deve essere immediatamente chiaro a tutti di cosa si tratta. Non devi far utilizzo sfacciato del tuo marchio, ma devi usufruire di segnali di **identificazione** attraverso i quali è possibile farlo notare.

Esistono molti segnali di **identificazione**, come ad esempio il suono, le persone, il contesto, i colori e i momenti d'uso. Se ad esempio dovessi pubblicizzare il caffè che produci, potresti far vedere inizialmente una persona che prende una tua capsula con il tuo marchio e la inserisce nella macchina del caffè, facendo percepire il suono della macchinetta del caffè, ed in questo modo puoi **coinvolgere** anche un altro **senso**. In un secondo momento questa persona berrà il suo caffè da una semplice tazzina, non è necessario che ci sia il logo della tua azienda su questa perché lo hai già evidenziato inizialmente: adesso stai inviando dei **segnali** di **contorno** in modo tale da **rafforzare** quell'immagine.

È consigliabile utilizzare anche degli **slogan**, dei colori accesi ed in alcuni casi anche dei personaggi. Questi elementi permettono di ricordare al meglio e più facilmente lo spot pubblicitario.

Neuromarketing: Il Manuale più Completo per Guidare i Processi Decisionali dei Consumatori e Vendere

Il cervello umano consuma molte energie anche nel momento in cui riposa, quindi l'ultima cosa che l'uomo vorrebbe fare è **risolvere** un **rompicapo pubblicitario**. Le pubblicità devono essere intuitive e di **facile comprensione**. In questo senso gioca un ruolo molto importante il **punto di focalizzazione**. Questo deve essere chiaro fin dal primo momento in cui si vuole far focalizzare l'attenzione del cliente. Ad esempio, tre protagonisti all'interno di uno spot sono **eccessivi**, perché non farai altro che **distogliere l'attenzione** del cliente. Il **punto di messa a fuoco** deve essere **unico**.

L'ultimo consiglio è quello di **sollecitare** i **neuroni a specchio**. I neuroni a specchio agiscono nel momento in cui osserviamo qualcosa, stimolando l'uomo a **ripetere l'azione** che sta osservando in quel determinato momento. Se vendi una bibita, ad esempio, fai vedere nella pubblicità che qualcuno la beve. Il tuo obiettivo è quello di **stimolare** i **neuroni** a **specchio**, siccome le persone sono abituate a **copiare** le **azioni degli altri**.

PERCEZIONE DEL BRAND

La **percezione** del **Brand** nel marketing moderno è fondamentale perché i clienti compiono scelte **irrazionali**, proprio per questo è necessario che il brand sia **ricordato facilmente** e sia **credibile**.

Nel corso del tempo l'**importanza** del Brand è **aumentata notevolmente**. Esistono milioni di persone in tutto il mondo che prima del lancio di un nuovo prodotto Apple sono disposte a dormire tutta la notte in strada per poter essere tra i primi ad acquistarlo. Lo stesso avviene con alcuni modelli speciali di Nike, oppure nel mondo dello sportswear dove ogni settimana marchi come Supreme lanciano prodotti con disponibilità limitata.

Il cliente vuole **sentirsi unico**, vuole acquistare solo da Brand di qualità che siano riconosciuti, e molte volte questa concezione va oltre la qualità stessa del prodotto. All'inizio di questo libro ti parlavo dell'esperimento fatto tra Pepsi e Coca-cola, dove le persone bevendo un sorso di entrambe avevano preferito la prima, ma nel momento in cui era stato dichiarato il marchio avevano cambiato opinione e preferito la seconda.

Il **brand** deve **rispecchiare** dei **valori aziendali** che sono imprescindibili. Al giorno d'oggi i **clienti** sono sempre più **informati** e con disarmante facilità possono trovare **informazioni** che potrebbero **ripercuotersi**

negativamente sulla tua azienda anche se hai provato a tenerle nascoste.

Anni fa scoppiò il caso di Nike e di Apple che secondo alcune indagini sfruttavano il lavoro minorile in paesi disagiati, il che portò gravi **danni economici** alle aziende a causa dell'**indignazione pubblica**, tuttavia molte di queste tesi sono state confutate dalle stesse compagnie.

Per queste motivazioni negli ultimi anni ha avuto molta diffusione il cosiddetto **brand positioning**. Il brand positioning indica il posizionamento di un Brand nella **mente del cliente**. Ma cosa significa? Quando una persona vuole **soddisfare** un suo **bisogno** e **pensa** ad una determinata **soluzione**, deve **immaginare il tuo Brand**. Se ad esempio volessi bere una bibita gasata che non sia l'acqua frizzante, penseresti immediatamente alla **Coca Cola**. Nel caso in cui volessi acquistare una **macchina** che abbia una guida **sportiva** ed aggressiva su strada penseresti probabilmente ad una **Mercedes**, mentre invece pensando ad un veicolo dal **valore** molto **elevato** e di gran classe penseresti alla **Ferrari**.

Il brand positioning è proprio questo, ma come si fa ad essere **primi** nella **mente** del **consumatore**?

Il primo passo è quello di **rispondere** alle seguenti **domande**:

- Qual è la tua categoria?
- Cosa offri?

- **Perché** il cliente dovrebbe **scegliere te**?
- **Cosa** ti **differenzia** dalla **concorrenza**?

Le risposte devono essere **precise** e **motivate**. Alla prima domanda devi rispondere con sicurezza, non puoi ad esempio dire: "il mio prodotto appartiene sia alla categoria X che a quella Y", se così fosse non saresti nella mente del cliente né in una categoria che in un'altra. Tu per cosa sei ricordato?

Alla seconda domanda non rispondere mai in questo modo: "un prodotto/servizio di qualità". Ogni Brand potrebbe dire la stessa cosa, mentre invece la **qualità** è un **concetto soggettivo**: ciò che è di qualità per te non è detto che lo sia anche per un'altra persona.

Per questa domanda devi avere le idee chiare e devi dare **motivazioni precise**, siccome il cliente non si accontenta di spiegazioni banali. A questo interrogativo non puoi nemmeno dare la risposta: "per il prezzo competitivo", che non rappresenta una buona motivazione.

Un **marketing basato** esclusivamente **sul prezzo non porta risultati** poiché in qualsiasi momento potrebbe intervenire un altro Brand che vende lo stesso tuo prodotto ad un **prezzo inferiore**, ed in quel caso verresti **escluso** dalla tua nicchia di **mercato**. Compiere una scelta di questo tipo è molto rischioso, soprattutto quando i competitor hanno una **disponibilità** economica **maggiore** rispetto alla **tua**.

L'ultima domanda è fondamentale, devi far capire al tuo cliente **cosa** ti rende **migliore** degli altri e perché dovrebbe acquistare il prodotto/servizio da te.

Per muoverti al meglio nel brand positioning devono conoscere chi è il **leader** nel tuo **settore** e chi è l'alternativa a questo. Nel caso delle bibite gasate sono rispettivamente Coca Cola e Pepsi. Solo nel momento in cui riesci a capire come agiscono queste due aziende potrai competere al meglio con loro. Ci può essere anche la possibilità che in un determinato settore non esista un leader, questa è la situazione ideale, in quanto potresti diventare tu stesso il leader di settore!

Come diventare quindi un leader di settore?

Per diventare leader di settore la tua proposta deve essere connotata da un **elemento differenziante** e devi mostrarlo in qualsiasi momento al tuo cliente. Questo elemento deve essere facilmente ricordabile, infatti dovrai essere considerato come "quell'azienda che offre quel determinato servizio". Tuttavia, questo processo non è molto semplice, ma se si seguono i giusti consigli e si agisce correttamente sarà possibile raggiungere risultati soddisfacenti.

Avere un'ottima percezione del Brand ed essere primi dal punto di vista del posizionamento ti consente di aumentare i volumi di vendita, perché vieni riconosciuto come l'esperto in quel determinato settore, e soprattutto di fidelizzare il cliente.

Neuromarketing: Il Manuale più Completo per Guidare i Processi Decisionali dei Consumatori e Vendere

PERCEZIONE DEL COLORE

Le pubblicità utilizzano spesso **colori** differenti in base al tipo di prodotto o servizio che viene proposto al cliente. L'uso dei colori **non** è **casuale** perché ognuno di questi ha un **significato** per il nostro cervello, e di conseguenza **sprigiona** determinate **reazioni**. Nel corso degli anni molti esperti di marketing e pubblicità si sono chiesti come i colori potessero **influenzare** il **processo** di **scelta** di un prodotto da parte del consumatore.

Inizialmente si pensava che questi fossero **ininfluenti**, mentre in seguito ad alcuni test e sperimentazioni si è scoperto che questa ipotesi **non fosse** assolutamente **vera**.

La vista è collegata alla parte di cervello rettiliano, cioè la parte più istintiva che fa percepire immediatamente le **sensazioni**, che corrisponde quindi all'inconscio dell'essere umano. Quindi la **vista agisce** molto prima della parte **razionale** del nostro cervello, che riesce ad **elaborare** un'informazione in **pochissimi istanti**.

Puoi immaginare quindi come sia importante per un business utilizzare i **colori giusti** per destare immediatamente una buona impressione ed **attirare** il **cliente**. È opinione comune che i colori caldi possano aiutare ad **incrementare** le **vendite**.

Secondo molti ricercatori americani il **colore influisce** molto sul **processo d'acquisto** dei consumatori. Immagina il momento in cui ti dirigi verso un grande

Neuromarketing: Il Manuale più Completo per Guidare i Processi Decisionali dei Consumatori e Vendere

supermercato, i loghi che vedrai all'interno sono generalmente connotati da **colori caldi** perché questi creano del **calore psicologico** nei consumatori, quindi una **sensazione** di **fiducia** nel prodotto stesso.

Prendiamo ad esempio in considerazione il confronto tra i colori del logo **Pepsi** e quelli di **Coca Cola**. Il marchio Coca Cola ha più successo anche perché il colore **rosso contribuisce** fortemente a diffondere una **sensazione positiva**, perché come abbiamo detto prima i colori caldi determinano un atteggiamento positivo. Diversamente, il marchio **Pepsi** è connotato dal **blu**, un colore **freddo** che esprime una **minor fiducia**.

Ciò nonostante, ogni colore ha un suo significato e non è detto che per qualsiasi business i colori da utilizzare debbano essere quelli caldi.

Iniziamo quindi un'analisi dei colori prendendo in considerazione due **colori** agli **antipodi**:

- **Bianco**: è il colore dell'**innocenza** e della **purezza**, in genere viene utilizzato negli eventi di beneficenza, anche se in altre culture può assumere un significato diverso. Ad esempio, il bianco in Giappone simboleggia il lutto, quindi viene utilizzato negli eventi funebri. Fai sempre attenzione a chi ti rivolgi e chi è il tuo **cliente** di **riferimento**;

- **Nero**: generalmente viene associato a **tristezza**, cupezza o eventi funebri, tuttavia simboleggia anche la **classe** e l'**eleganza**. Per queste sue caratteristiche spesso viene utilizzato negli eventi di alta moda ed anche per pubblicizzare auto di classe. Tanto per fare un esempio, nelle pubblicità della Mercedes viene fatto largo uso di questo colore.

Tra i colori **caldi** i più utilizzati abbiamo:

- **Arancione**: è il colore che simboleggia la **creatività** e il **successo**. Viene spesso utilizzato in ambienti creativi dove la parte **istintiva** è libera di **emergere**, come ad esempio nelle agenzie di marketing, oppure semplicemente nei centri sportivi. È anche il colore del **successo**, quindi molte volte viene utilizzato anche in siti di investimenti che invitano il cliente a prendere in mano la sua vita;

- **Verde**: viene spesso collegato alla **natura**, alla **fertilità** ma anche alla **ricchezza**. Per queste sue caratteristiche viene utilizzato spesso in pubblicità di farmaci, prodotti verdi ed anche organizzazioni bancarie. Pensa a BNP

Neuromarketing: Il Manuale più Completo per Guidare i Processi Decisionali dei Consumatori e Vendere

Paribas, il colore del suo logo è verde, non è una casualità!

- **Giallo**: è il colore dell'**energia**, della **luce solare**, dell'**intelligenza**. Viene usato generalmente per le pubblicità per bambini. Per quanto riguardi i siti web si è riscontrato che soprattutto nel caso in cui ci siano scritte in giallo questo non attiri molto l'attenzione, quindi **attento** ad utilizzarlo;

- **Rosso**: è sicuramente uno dei colori che viene utilizzato più frequentemente nelle pubblicità, soprattutto nel caso di auto da corsa, bevande, o prodotti per gli sport estremi. Indica l'**istinto**, il **sangue**, la **passione**, il **successo**. È il colore che rappresenta l'**Es** di Freud, la purezza dell'**incoscienza**.

Tra i colori **freddi** rientrano sicuramente i seguenti:

- **Blu**: secondo molti è scorretto utilizzarlo nei ristoranti o comunque nella promozione di prodotti alimentari. Non esiste nessun cibo in natura di colore blu e secondo degli studi la visione di questo colore produce come effetto per il nostro cervello e per il nostro **inconscio** l'assenza di fame. Viene generalmente utilizzato per i prodotti sanitari e ospedalieri, perché è uno dei colori che rappresenta la **salute**;

- **Grigio**: questo colore può avere diversi significati. Può essere interpretato come **maturità**, **equilibrio** o anche **dubbio**. Ti consiglio comunque di **non usarlo** per **messaggi pubblicitari**;

- Viola: indica l'indipendenza, il successo, la nobiltà. Viene utilizzato spesso per pubblicizzare dei prodotti femminili come profumi o scarpe, ma a volte anche nei prodotti per bambini.

Va senza dubbio che anche in relazione a quello che offri al tuo cliente devi scegliere un **colore adatto**. Fai molta attenzione a questa scelta, non ti concentrare sul tuo gusto personale ma scegli il colore in base agli **obiettivi** che vuoi **raggiungere**. Avere un prodotto con il colore adatto può rivelarsi un buon **booster** per raggiungere maggiori volumi di vendita.

Il neuromarketing non lascia **nulla al caso** perché per dominare le **scelte irrazionali** dei clienti non puoi agire semplicemente usando la tua ragione, quindi in modo razionale. Devi cercare di vedere il prodotto con gli **occhi del cliente** e trasferirti nelle **emozioni** che sta **provando** in quel preciso momento.

LANDING PAGE PER IL TUO BUSINESS ONLINE

Ora che avrai capito che il neuromarketing può **influenzare** molto il **processo decisionale** del tuo potenziale cliente, cerchiamo di capire come potrebbe essere strutturata una **landing page** ben **ottimizzata**.

La landing page non è altro che una pagina web su cui è possibile "atterrare" dopo aver cliccato un link o una pubblicità. Lo scopo della landing page è quello di far **compiere** una specifica **azione** al **cliente**.

Nelle landing page viene inserita infatti la "call to action", la cosiddetta **chiamata all'azione**, cioè l'invito all'utente di fare qualcosa. L'azione può essere ad esempio un **acquisto**, la richiesta di un **preventivo**, o semplicemente l'**iscrizione** ad una **newsletter**. Far compiere un'azione all'utente non è semplice: anche la richiesta di un contatto e-mail non è davvero difficile poiché gli utenti sono sempre più **diffidenti** e di certo non vogliono essere disturbati da alcuna pubblicità. Quindi come agire? Come si può **convincere** l'utente a **compiere l'azione richiesta**? Devi imparare a strutturare al meglio una landing page per il tuo business, sia online che offline.

La parte impulsiva del cervello umano è quella **rettiliana**, ed è quella che permette all'uomo di compiere delle **scelte d'impulso** ed anche di **sopravvivere** evitando tutte le **situazioni pericolose**. Ad

Neuromarketing: Il Manuale più Completo per Guidare i Processi Decisionali dei Consumatori e Vendere

esempio, nel momento in cui metti una mano sul fuoco la ritirerai dopo pochi millesimi di secondo perché hai paura di scottarti, e proprio in quel momento ad agire è il tuo **istinto** di **sopravvivenza**.

Anche il cervello rettiliano del tuo cliente è sempre in funzione e proprio per questo con il neuromarketing si deve **evitare** in qualsiasi modo di **far percepire** una **situazione** negativa o di **pericolo**, perché in quel caso l'utente potrebbe **uscire immediatamente** dalla tua **pagina** web.

Ecco quindi alcuni consigli che ti possono tornare molto utili per **gestire** il **cervello** rettiliano del tuo **cliente** e per creare una landing page così come una qualsiasi pagina di vendita.

Il primo consiglio è "**less is better than more**", il poco è migliore del molto. Come detto in precedenza questo potrebbe sembrare un controsenso ma in verità non lo

72

è. Il cliente deve poter fare delle **scelte chiare** e **semplici**. Nel momento in cui nella tua landing page gli chiederai di compiere diverse azioni o anche di effettuare diverse scelte, entrerà in una fase di **paralisi decisionale** che non porterà ad **alcun risultato**.

Devi dire con chiarezza cosa offri e dare **poche possibilità** all'utente, in genere un **massimo di 3**. Se vendi ad esempio un videocorso online puoi creare 3 pacchetti differenti da far scegliere al tuo cliente. Se ne creassi di più creeresti solo molta confusione, il che non aiuta nelle conversioni.

Cerca di capire qual è il **punto focale** del tuo sito web e quindi dove va a finire l'attenzione del cliente, e se il punto focale non è quello delineato da te devi **cambiare qualcosa** nella tua landing page. Il cliente non si può concentrare su qualcosa che non porta alcun risultato.

Utilizza i colori adatti al prodotto che vendi in modo da poter **influenzare** l'**inconscio** del **cliente**, sfruttando i suggerimenti che ti ho dato nel capitolo precedente. Ti consiglio anche di utilizzare il **contrasto di colori** perché attira spesso l'attenzione degli utenti, ed inoltre cerca di far dirigere lo sguardo dell'utente verso il prodotto che offri. Puoi compiere dei test di **eye tracking** attraverso alcuni **strumenti** disponibili **online**, in modo da capire dove è **indirizzato** lo **sguardo** di chi naviga all'interno della tua landing page.

Ricordati di utilizzare le **frecce**, siccome secondo molti Marketer lo sguardo dell'uomo segue i **percorsi indicati**

73

ed evidenziati. In questo caso le frecce devono **puntare** verso la **call to action**.

Posiziona gli elementi che vuoi che vengano visti e scelti dalle persone nella **parte superiore** della pagina, perché questi saranno i **primi** ad essere **visti** e quindi avrai anche **più possibilità** di **venderli**.

Se navighi su un sito di automobili le prime che vedrai nella parte superiore della pagina sono generalmente quelle che hanno un **costo** molto **elevato**, e solo in seguito troverai tutte le altre. Questa tecnica consente all'azienda di **vendere** un **maggior quantitativo** di **vetture** di costo elevato e quindi di incrementare il volume di introiti.

Esistono altri **quattro principi** da non sottovalutare mai all'interno di una landing page:

- **Scarsità**: questo significa che dovresti dichiarare all'utente che visita la tua landing page che del tuo prodotto o del tuo servizio ne esiste solo ed esclusivamente una **quantità limitata**. Gli utenti vogliono sentirsi unici ed il rischio di perdere qualcosa li spinge ad agire, perché non vorrebbero mai perdersi l'occasione di avere un prodotto limitato. Il principio di scarsità è alla base del successo di molti business, come ad esempio **Supreme** o Bape, che ogni settimana lanciano sul mercato un numero limitato di capi: le persone fanno **a gara** per acquistarli siccome sanno che non saranno disponibili ulteriormente prodotti dello stesso ed identico tipo;

- **Urgenza**: il principio dell'urgenza crea una situazione di **angoscia** nell'utente che per non perdere quell'occasione è spinto a **compiere un'azione** senza **perdere tempo**. Potresti dire, ad esempio, che solo per le prossime 24 ore il tuo prodotto avrà un costo molto vantaggioso. L'utente che visualizzerà la tua landing page non vorrà mai **perdere** questa **occasione** unica;

- **Riprova sociale**: è uno strumento sempre più diffuso siccome è molto utile nei momenti di paralisi decisionale del cliente, ovvero quando l'utente si **affida** alle **scelte** degli **altri**. Ricordati di indicare all'interno della tua landing page qual è il **prodotto più venduto** e le **esperienze** di chi ha acquistato quel prodotto o servizio. I **feedback** sono fondamentali soprattutto se positivi e potrebbero rivelarsi dei veri e propri **booster** per le tue **vendite**;

- **Prova gratuita**: è forse uno dei metodi più vecchi ed efficaci di fare marketing, e funziona soprattutto per quanto riguarda i servizi in abbonamento che si rinnovano automaticamente. Attraverso la **prova gratuita** l'utente potrà **testare** le caratteristiche e la qualità del tuo servizio, e in caso positivo potrà acquistarlo. Considerando il caso negativo, avrai comunque acquisito il suo **contatto** e attraverso l'e-mail marketing potrai **convincerlo** in un secondo momento.

Ma come scrivere la tua offerta? Alcune parole suscitano più **emozioni** di altre, proprio per questo è necessario adottare le tecniche di **copywriting** o ingaggiare un copywriter professionista che sarà in grado di **convincere** gli utenti a **compiere** determinate **azioni**.

Utilizza un **linguaggio amichevole** con l'utente, non deve mica pensare che sei un robot: deve vederti invece come qualcuno che lo **aiuta**, e che gli stai venendo incontro per **risolvere** un suo **problema**. Un linguaggio molto distaccato non crea di certo la giusta **empatia** necessaria per raggiungere ottimi risultati nel business.

Offri qualcosa gratuitamente, anche una piccola **guida** in formato **PDF**: le persone adorano ricevere qualcosa senza dover spendere nulla. In cambio potresti richiedere la loro e-mail, in questo modo la persona potrà entrare a far parte del tuo **funnel di vendita**, cioè dell'**imbuto** che consente di trasformare attraverso una serie di **processi** il **cliente potenziale** in un vero e proprio cliente che **acquista** il tuo **prodotto**.

Utilizza anche la parola "**perché**": le persone vogliono sapere il motivo per il quale il tuo prodotto è quello giusto per loro e come questo possa risolvere le loro **problematiche**. Infine, prova ad utilizzare parole che riportino a delle tempistiche, come la parola "**subito**", il messaggio che riceverà il tuo cliente sarà quello quindi di **non perdere tempo** ed iniziare a darsi da fare ed investire nel tuo prodotto o servizio.

Infine, gli utenti su Internet avvertono sempre di più un forte bisogno di appartenere ad una **community**. Crea quindi una community anche attraverso un **gruppo Facebook**, **Telegram**, o **Whatsapp**, all'interno della quale potranno sentirsi liberi di **relazionare**.

Creando una community deve trasparire il messaggio che il tuo obiettivo da venditore è quello di **aiutare** gli **utenti**, il che sicuramente ti richiederà molto tempo da dedicare alle loro esigenze, ma sicuramente il tuo **brand** potrà **ottenere** grandi **risultati** anche dal punto di vista della **reputazione**.

Immagina di comprare un corso di formazione e di non comprendere un passaggio all'interno di una lezione. Cosa fare? Ti assicuro che se in quel momento fai parte di una community all'interno della quale puoi fare domande avrai un **sollievo immediato**, perché potrai **relazionarti** con **altre persone** che sono pronte ad aiutare il prossimo.

Ad una **community** molto **fedele** in un secondo momento potresti **vendere** anche **altri prodotti**. Per fare questo, è necessario averli dapprima **fidelizzati**: ricorda sempre che il tuo obiettivo ultimo non è quello di guadagnare sempre più soldi ma quello di **migliorare** ulteriormente le loro **vite**!

Questi consigli sono in genere validi per tutti gli utenti, ma potresti fare esperienza anche di qualche piccola eccezione. Il **neuromarketing** è una scienza in **continua evoluzione**, quindi ti consiglio di rimanere sempre aggiornato. Se ci pensi il marketing che solo 10 anni fa era molto funzionale, oggi in parte è diventato obsoleto. Se ci pensi, dieci anni fa **Facebook** ancora **non era** molto **diffuso** e molti lavori, così come le **opportunità** di business **non esistevano** neanche.

Resta sul pezzo e prendi sempre in considerazione le emozioni dei tuoi clienti.

LEVA PERSUASIVA

I clienti sono **difficili** da **convincere**, tuttavia esistono delle **tecniche** che permettono proprio questo: le **leve persuasive**. Negli ultimi anni diversi studiosi di **economia comportamentale** e di **psicologia** hanno rilevato alcuni **accorgimenti** che spingono i clienti ad acquistare un determinato prodotto piuttosto che un altro.

In particolare, il famoso psicologo **Robert Cialdini** ha delineato **6 principi** che rappresentano altrettante scorciatoie per **condurre** il **cliente** a **compiere** una determinata **azione**:

- **Reciprocità**: secondo il principio di reciprocità, quando offri qualcosa a qualcuno, quest'ultimo si sentirà in dovere di **ricambiare** in qualche modo. Nel momento in cui tu, ad esempio, offri un **prodotto gratuito**, per ricambiare e soddisfare il principio di reciprocità l'utente ti rilascerà la sua **mail**. Attraverso la sua mail lo potrai contattare per iniziargli a dare più informazioni riguardanti la tua azienda. Dopo aver consegnato molto materiale di qualità gli potrai **proporre** di fare un **acquisto**, e se tutto è andato per il verso giusto, egli si sentirà in dovere di **compiere** quell'**operazione**, proprio perché ha ricevuto molto materiale senza dare nulla in cambio. Il cliente vuole essere "**viziato**" e sentirsi al **centro** della tua **attenzione**;

- **Coerenza**: bisogna essere sempre coerenti con quel che si dice. Se dichiari ad un cliente che una volta

Neuromarketing: Il Manuale più Completo per Guidare i Processi Decisionali dei Consumatori e Vendere

ricevuto il suo indirizzo di posta elettronica lui non riceverà nemmeno una e-mail, dovrai essere **coerente**. Devi risultare **credibile**, soprattutto nel mondo online dove anche un piccolo errore può generare **malcontento** che si diffonde a macchia d'olio;

- **Riprova sociale**: come ti ho detto più volte in questo libro, quello della riprova sociale è un principio molto **importante**. Nel mondo online (e non) le persone vogliono sapere cosa **pensano** gli **altri** di quel prodotto o servizio che stai offrendo. Cerca di essere sempre **sincero** nella **descrizione** delle **caratteristiche** del prodotto stesso. Se un utente esprime il suo **dissenso**, almeno inizialmente, cerca di **venire incontro** alle sue **esigenze**. Considera che un **feedback negativo**, specialmente se ricevuto all'inizio del business, potrebbe **risultare** molto **deleterio**;

Neuromarketing: Il Manuale più Completo per Guidare i Processi Decisionali dei Consumatori e Vendere

- **Simpatia**: sii simpatico, semplicemente questo. Le persone non vogliono comunicare con automi, con robot e tantomeno con **persone negative**. La società è circondata da persone negative che non vedono l'ora di criticare gli altri. Tu devi essere esattamente l'opposto: l'utente deve provare piacere nel vedere ciò che **proponi** e anche come lo fai;

- **Autorità**: sii **autorevole**, devi essere percepito come un **esperto** del **settore**. Chi comprerebbe mai un prodotto da uno sconosciuto che non ha mai dimostrato quanto vale e ciò che sa fare? Cerca di dare **prove** di quel che dici e di **rispondere** sempre a **qualsiasi dubbio** o perplessità, il che ti consentirà di far **emergere** la tua **professionalità**. Ti consiglio di scrivere anche articoli in un **blog** dove parli di **argomenti** legati al tuo **business**, in questo modo potrai risultare come un **esperto** anche agli occhi di chi **non ti conosce**;

- **Scarsità**: il principio di scarsità, come ti ho detto già in precedenza, è un qualcosa di **imprescindibile** e **fondamentale**. Molti utenti sono a conoscenza del fatto che questo sia solo uno stratagemma per portali ad **acquistare**, ma il fatto che sia disponibile solamente una quantità **limitata** per un certo prodotto ha un effetto molto importante sull'**inconscio** dell'uomo, che sarà **spinto** a **compiere** un'**azione**.

L'ultimo consiglio è quello di adottare la tecnica dell'**Hurt & Rescue**. Con questa **tecnica** di marketing vai a **colpire** un cliente sottolineando i suoi **problemi** o quelli che potrebbe avere in futuro, per poi **offrire** in un secondo momento una **soluzione** a queste problematiche.

Ad esempio, se fossi il titolare di una palestra potresti prima indicare una lista di problematiche e stili di vita scorretti che portano all'insorgere del diabete, ed in seguito porre la seguente domanda: "Presenti uno di questi fattori di rischio che potrebbero far insorgere il diabete?". Successivamente, offri la **soluzione** a questa **problematica** offrendo un servizio o un prodotto. Questa è una tipologia di marketing più **aggressiva** che va a **colpire** gli **istinti** delle **persone**.

Nessuno vuole leggere o ascoltare una persona che mette al corrente di alcune problematiche che potrebbero **infastidire**, d'altro canto tutti vogliono **prevenirle** per stare bene il più a lungo possibile. L'utente passerà da un primo momento di **diffidenza** ed apprensione ad un secondo momento in cui vedrà in te la **soluzione** a un determinato **problema** che **può insorgere** durante la sua **vita**.

Il **marketing** ed il **neuromarketing** non sono solo ed esclusivamente metodi per **aumentare** il **volume** di **vendite**. Di fatti, il marketing rappresenta soprattutto l'ascolto delle **esigenze** dei **clienti**, mentre invece il neuromarketing studia come **reagisce** la **mente** del **cliente** a degli stimoli che derivano dal marketing. È sicuramente quella parte di **economia** che si fonde con la **psicologia**, dove si cercano di capire gli **atteggiamenti** e le **reazioni** dei consumatori, per poi agire di **conseguenza**.

DISCLAIMER

Tutti i marchi registrati e loghi citati in questo libro appartengono ai legittimi proprietari.

L'autore non pretende né dichiara alcun diritto su questi marchi, che sono citati solo per motivi didattici.

L'autore non assicura tuttavia nessuna garanzia per l'attualità, la precisione e la completezza delle informazioni fornite.

NOTE

_____

_____

_____

_____

_____

_____

_____

_____

_____

_____

_____

_____

_____

_____

_____

85

Neuromarketing: Il Manuale più Completo per Guidare i Processi Decisionali dei
Consumatori e Vendere

Neuromarketing: Il Manuale più Completo per Guidare i Processi Decisionali dei Consumatori e Vendere